Anforderungen an die steuerliche Behandlung der Alterssicherung aus Sicht des europäischen Gemeinschaftsrechts – insbesondere der Grundfreiheiten des EGV

Europäische Hochschulschriften

Publications Universitaires Européennes
European University Studies

Reihe V
Volks- und Betriebswirtschaft

Série V Series V
Sciences économiques, gestion d'entreprise
Economics and Management

Bd./Vol. 3104

PETER LANG
Frankfurt am Main · Berlin · Bern · Bruxelles · New York · Oxford · Wien

Josef-Christian Wirth

Anforderungen an die steuerliche Behandlung der Alterssicherung aus Sicht des europäischen Gemeinschaftsrechts – insbesondere der Grundfreiheiten des EGV

PETER LANG
Europäischer Verlag der Wissenschaften

Bibliografische Information Der Deutschen Bibliothek
Die Deutsche Bibliothek verzeichnet diese Publikation in der Deutschen Nationalbibliografie; detaillierte bibliografische Daten sind im Internet über <http://dnb.ddb.de> abrufbar.

Layout
Kumpernatz + Bromann
Schenefeld b. Hamburg

ISSN 0531-7339
ISBN 3-631-53035-8

www.peterlang.de

Vorwort

Das lang erwartete Urteil des Bundesverfassungsgerichts vom 6. März 2002, mit dem die derzeitige deutsche steuerliche Behandlung von Beamtenpensionen einerseits und Renten aus der gesetzlichen Rentenversicherung andererseits für verfassungswidrig erklärt wurde, hat für eine deutliche Belebung der steuersystematischen Diskussion über die Einkommensbesteuerung der Alterssicherung gesorgt. Da die Verwirklichung des Gemeinsamen Marktes als Leitziel der Europäischen Union eine europarechtskonforme Ausgestaltung nationaler Steuerregelungen erfordert, müssen bei der Umsetzung dieses Urteils (auch) die Vorschriften des EG-Vertrages, insbesondere die darin verankerten primärrechtlichen Grundfreiheiten, beachtet werden.

Vor diesem Hintergrund untersucht Josef-Christian Wirth die Anforderungen an die einkommensteuerliche Behandlung von Altersvorsorge (Versicherungsbeiträgen) sowie der späteren Altersversorgung (Rentenzahlungen) unter besonderer Berücksichtigung dieses europarechtlichen Aspekts. Neben einer sorgfältigen Auswertung relevanter Entscheidungen des Europäischen Gerichtshofs – etwa im Hinblick auf mögliche Rechtfertigungsgründe für die Einschränkung der Arbeitnehmerfreizügigkeit – werden mit für eine Diplomarbeit bemerkenswerter Kompetenz mit dem Leistungsfähigkeitsprinzip, der zwischenstaatlichen Gerechtigkeit der Verteilung des Steueraufkommens, den Alternativen der Kapitalimport- und -exportneutralität, der Wanderungseffizienz, der Entscheidungsneutralität oder der Frage der Progressionswirkungen von Abzügen von der Bemessungsgrundlage sowohl steuerrechtliche als auch steuerökonomische Kriterien herangezogen.

Mit der vorliegenden Arbeit greift der Verfasser ein ebenso aktuelles wie steuersystematisch anspruchsvolles Thema auf und liefert Ergebnisse, die zweifellos eine beachtenswerte Bereicherung der bisherigen steuerwissenschaftlichen Diskussion darstellen.

Osnabrück, im August 2004 *Michael Wosnitza*

Inhaltsverzeichnis

Abkürzungsverzeichnis

a.a.O.	am angegebenen Ort
ABl. EG	Amtsblatt der Europäischen Gemeinschaften
AltEinkG	Alterseinkünftegesetz
Art., Artt.	Artikel, mehrere Artikel
BGBl.	Bundesgesetzblatt
BR-Drs.	Drucksache des Deutschen Bundesrates
BStBl.	Bundessteuerblatt
BT-Drs.	Drucksache des Deutschen Bundestages
BVerfG	Bundesverfassungsgericht
BVerfGE	Entscheidungssammlung des Bundesverfassungsgerichts
DB	Der Betrieb
Diss.	Dissertation
DStR	Deutsches Steuerrecht
EC Tax Rev.	EC Tax Review
EG	EG-Vertrag in der Fassung des Vertrages von Amsterdam vom 2. Oktober 1997
EuGH	Europäischer Gerichtshof
EuR	Europa und Recht
EStG	Einkommensteuergesetz
EuR	Europarecht
EWS	Europäisches Wirtschafts- und Steuerrecht
EuZW	Europäische Zeitschrift für Wirtschaftsrecht
FA	Finanzarchiv
FS	Festschrift
GG	Grundgesetz
GS	Gedächtnisschrift

IStR	Internationales Steuerrecht
IFSt-Schrift	Schriftenreihe des Instituts „Finanzen und Steuern“, Bonn
m.w.N.	mit weiteren Nachweisen
NJW	Neue Juristische Wochenschrift
RL	Richtlinie
Rs.	Rechtssache
Slg.	Sammlung der Rechtsprechung des Gerichtshofes und des Gerichts erster Instanz
StuW	Steuer und Wirtschaft
VO	Verordnung

Im Übrigen richten sie die verwandten Abkürzungen nach *Kirchner, Hildebert*: Abkürzungsverzeichnis der Rechtssprache, 4. Auflage, Berlin/New York 1993.

A. Einleitung

I. Allgemeines zur Alterssicherung

Die Reform der Altersvorsorge beschäftigt in jüngster Zeit intensiv nicht nur die Wissenschaft in Werken und Beiträgen verschiedenster Fachrichtungen[1], sondern in besonderem Maße auch die Politik. Mittlerweile muss man sogar konstatieren, dass die Reformbemühungen zur Lösung der Rentenprobleme zu *dem* beherrschenden Thema der Sozialpolitik geworden sind[2]. Umfassend werden dabei sämtliche Bereiche des dreigliedrig aufgebauten Alterssicherungssystems[3] der gesetzlichen, betrieblichen und privaten Vorsorge thematisiert[4]. Auch wenn dabei das augenblickliche politische Geschehen und wissenschaftliche Interesse den Eindruck vermitteln, dass es sich bei der Neuordnung der Altersvorsorge im weitesten Sinne um ein neu aufgetretenes Problem handelt, stellt sich diese Frage in der Bundesrepublik an sich schon seit fast vierzig Jahren

---

1 Exemplarisch in einer kaum mehr zu überschauenden Flut von Beitragen und Werken sei nur verwiesen auf *Brügelmann/Fuest*, Besteuerung der Altersvorsorge und Alterseinkünfte; dies., StuW 2003, S. 338 ff.; *Kaufmann/Köhler*, Die neue Alterssicherung (2002); *Döring*, Die Zukunft der Alterssicherung (2002); *Naber*, Reformnotwendigkeit der bedeutenden Alterssicherungssysteme in Deutschland (2001); *Peffekoven*, ifo-Schnelldienst 21/2000, S. 3 ff.; *Kroker/Fuest*, ifo-Schnelldienst 21/2000, S. 6 ff.; *Wiegard*, ifo-Schnelldienst 21/2000, S. 8 ff.; *Gebauer*, ifo-Schnelldienst 10/2002, S. 29 ff.; *Bomsdorf*, ifo-Schnelldienst 19/2002, S. 15 ff.

2 Vgl. *Döring*, S. 7.

3 Dazu ausführlich mit ihrer geschichtlichen Entstehung *Döhring*, S. 11 ff.

4 Dass es hierbei keine Tabuisierung gibt, belegt exemplarisch die aktuell entfachte Diskussion um die Kürzung bzw. komplette Streichung von arbeitgeberfinanzierten Betriebsrenten durch einige börsennotierte Konzerne, vgl. dazu Die WELT vom 10.1.2004, S. 3.

und erreichte am 26. März 1980 einen vorläufigen Höhepunkt, als das Bundesverfassungsgericht dem Gesetzgeber eine Überarbeitung der Besteuerung von Pensionen und Sozialversicherungsrenten aufgetragen hat[5].

Eine sinnvolle Rentenreform darf den steuerlichen Aspekt deshalb keineswegs ausblenden. Aufgrund der demographischen Entwicklung tritt – in den letzten Jahren freilich umso stärker – darüber hinaus aber auch die grundsätzliche Notwendigkeit hinzu, eine tragfähige und solide Finanzgrundlage für die gesetzliche Rentenversicherung zu finden, sodass diese langfristig leistungsfähig ist. Wie dieser sozialpolitische Schwerpunkt der Rentenfrage im Ergebnis zu bewältigen ist – durch Leistungsreduzierung und/oder verstärkten Aufbau einer privaten oder betrieblichen Altersvorsorge – soll jedoch nicht Gegenstand dieser Arbeit sein. Gleichwohl sind beide Fragen – steuerliche Behandlung und grundlegende Ausgestaltung der Alterssicherung – kaum voneinander zu trennen und sollten deshalb in einer wegweisenden Reform der Altersvorsorgesysteme gleichzeitig gelöst werden.

Angesichts der Komplexität, wohl aber auch angesichts der dahinter stehenden sozialpolitischen Brisanz war der Bundesgesetzgeber diesem Auftrag bis 2002 nicht nachgekommen[6]. Es ist deshalb wenig verwunderlich, dass es aufgrund dieser mehr als zwanzigjährigen Untätigkeit des Gesetzgebers erneut das Bundesverfassungsgericht am 6. März 2002 sein musste, das die Problematik einer Reform der Rentenbesteuerung neu entfachte und es im Gegensatz zu

5 BVerfGE 54, 11, 34 ff.

6 Wohlwollend hat das BVerfG dem Gesetzgeber im Beschluss vom 24.6.1992 – BVerfGE 86, 369, 380 ff. – noch seinen durch die Wiedervereinigung bedingten legislatorischen Arbeitsanfall zugute gehalten und den Zeitrahmen für die Schaffung einer Neuregelung noch nicht als verstrichen angesehen.

1980 nicht bei einem Appell zur Behebung der ungleichen Besteuerung von Pensionen und Renten beließ, sondern die gegenwärtige Besteuerung für unvereinbar mit dem Gleichheitssatz des Art. 3 I GG erklärte und eine gesetzliche Neuregelung spätestens ab 1. Januar 2005 einforderte[7]. Erst dies war der Auftakt ernsthafter gesetzgeberischer Bemühungen für eine Neuordnung der steuerlichen Behandlung der Alterseinkünfte. Eingemündet ist dieser Prozess in das Alterseinkünftegesetz (AltEinkG), das vom Bundestag am 28. Mai 2004 verabschiedet wurde und dem der Bundesrat am 11. Juni 2004 zustimmte[8]. Vor allem soll damit – wie vom Bundesverfassungsgericht gefordert – die steuerliche Ungleichbehandlung von Pensionen und Sozialversicherungsrenten (schrittweise) aufgehoben werden[9].

II. Europarechtliche Bezüge

So wünschenswert und dringlich diese Auseinandersetzung ist, beschränkt sie sich doch auf eine rein innerstaatliche Betrachtung. Gänzlich unbeachtet blieben insoweit bisher die europarechtlichen Aspekte. Indes sind diese in einem zusammenwachsenden Gemeinschaftsraum notwendigerweise von nicht mehr zu vernachlässigender Bedeutung. Eine Rentenreform kann und darf sich deshalb nicht nur den beiden oben dargestellten Problemkreisen zuwenden,

---

7 BVerfGE 105, 73, 126 = BVerfG BStBl. II 2002, 618, 631 ff.

8 Vgl. BT-Drs. 15/3230, 15/2592, 15/2563, 15/2150 sowie BR-Drs. 454/04 (B), 340/04 und 2/04.

9 Mit der Einschränkung der steuerlichen Privilegien von Lebensversicherungen geht der Gesetzgeber freilich auch über die Vorgaben des BVerfG hinaus und erfüllt damit im Rahmen des AltEinkG nicht nur einen verfassungsrechtlichen Auftrag, sondern verfolgt ebenso einen steuersystematischen (Bereinigungs-)Ansatz.

sondern muss insbesondere in der Konturierung auch stets den gemeinschaftsrechtlichen Bezug herstellen, um so die Konformität mit den europarechtlichen Vorgaben zu gewährleisten.

In dem europarechtlichen Bezug liegt die dritte Maxime, die maßgeblich die Qualität einer Rentenneuregelung – sowohl in rechtlicher als auch insbesondere in ökonomischer Hinsicht – bestimmen wird. Gerade die steuerliche Behandlung der Alterssicherung wird hierbei von dem Gemeinschaftsrecht maßgeblich geprägt: Primär in den letzten zehn Jahren hat der Europäische Gerichtshof mit seiner Rechtsprechung die Beachtung des Gemeinschaftsrechts auf dem Gebiet des Steuerrechts verstärkt in den Blickpunkt gerückt, indem er fundamentale Leitlinien und wesentliche Maßstäbe für das nationale Recht vorgegeben hat – die Vielzahl der innerhalb weniger Jahre ergangenen Entscheidungen verdeutlicht die zunehmende Wichtigkeit des Europarechts für die mitgliedstaatliche Gesetzgebung und seine Einwirkung auf die nationalen steuerrechtlichen Vorschriften[10].

Gleichwohl vermisst man eine explizite EG-vertragliche Regelung auf dem Gebiet der direkten Steuern. Zwar finden sich in Artt. 90 ff. EG verschiedene „Steuerliche Vorschriften“[11], doch betreffen diese lediglich die indirekten Steuern. An einer eindeutigen Regelung bzw. sogar einer Kompetenznorm zum Erlass von Verordnungen und Richtlinien durch die Gemeinschaftsorgane auf dem Gebiet der direkten Steuern fehlt es. Ansatzweise wurde sich insoweit beholfen, indem auf Artt. 94, 95 II EG rekurriert wurde

10 EuGH, Rs. C-175/88 („Biehl“), Slg. 1990, I-1779 ff.; Rs. C-204/90 („Bachmann“), Slg. 1992, I-249 ff.; Rs. C-279/93 („Schumacker“), Slg. 1995, I-225 ff.; Rs. C-80/94 („Wielockx“), Slg. 1995, I-2493 ff.; Rs. C-484/93 („Svensson u. Gustavsson“), Slg. 1995, I-3955 ff.; Rs. C-107/94 („Asscher“), Slg. 1996, I-3089 ff.; Rs. C-136/00 („Danner“), IStR 2002, S. 736 ff.

11 Näher dazu *Cordewener*, S. 5 ff.

und auf dieser Grundlage immerhin die Fusionsrichtlinie, die Mutter-Tochter-Richtlinie sowie die Schiedsverfahrenskonvention verabschiedet werden konnten[12]. Dabei handelt es sich jedoch um eine allgemeine und damit subsidiäre Rechtsgrundlage, die vor allem durch das Einstimmigkeitserfordernis des Rates nur erschwerend Anwendung findet. Verantwortlich für die nur äußerst schleppende steuerrechtliche Harmonisierung ist zudem die Sensibilität der Materie, die die Mitgliedstaaten besonders vorsichtig agieren lässt, um möglichst wenig steuerliche Hoheit preisgeben zu müssen. Der Binnenmarktgedanke wird hier überlagert von nationaler Souveränität. Dennoch verwirklicht sich die mitgliedstaatliche Steuerhoheit nicht im europarechtlich freien Raum: Hierzu dekretierte der Europäische Gerichtshof wiederholt, dass die Europäische Gemeinschaft beim gegenwärtigen Stand des Gemeinschaftsrechts zwar nicht die Zuständigkeit im Bereich der direkten Steuern hat, die Mitgliedstaaten die ihnen verbliebenen Befugnisse jedoch unter Wahrung des Gemeinschaftsrechts ausüben müssen[13].

Mangels eines speziellen primärrechtlichen Instrumentariums der Steuergesetzgebung müssen deshalb Maßstab der Beurteilung jeder steuerlichen Fragestellung die Grundfreiheiten sein, sodass es letztlich dem Europäischen Gerichtshof aufgetragen ist, die Vereinheitlichung des Steuerrechts in Europa voranzutreiben[14].

---

12 RL 90/434/EWG des Rates vom 23.7.1990, ABl. EG 1990 Nr. L 225/1 ff.; RL 90/435/EWG des Rates vom 23.7.1990, ABl. EG 1990 Nr. L 225/6 ff.; Übereinkommen 90/436/EWG des Rates vom 23.7.1990, ABl. EG 1990 Nr. L 225/10 ff.

13 EuGH, Rs. C-246/89 („Kommission/Vereinigtes Königreich"), Slg. 1991, I-4585, 4611, Rn. 12; Rs. C-279/93 („Schumacker"), Slg. 1995, I-225, 257, Rn. 21.

14 Instruktiv dazu *Dautzenberg*, DB 1992, S. 2400 ff.

III. Konflikte bei grenzüberschreitenden Sachverhalten

Gerade im Zusammenhang mit der Alterssicherung traten – und treten auch weiterhin, wie zuletzt erneut die Entscheidung des Europäischen Gerichtshofs vom 3. Oktober 2002 in der Rechtssache „Danner" belegt hat – immer wieder europarechtliche Konfliktlagen auf.

Überraschend ist dieser Befund freilich nicht: Die bereits angesprochenen drei Segmente der Altersvorsorge sind zum einen innerhalb der Mitgliedstaaten in erheblichem Maße verschieden ausgeprägt; zum anderen werden diese Unterschiede noch zusätzlich durch divergierende steuerliche Behandlungen verschärft[15]. Das europäische Gemeinschaftsrecht differenziert aber nicht nach der Art der Altersvorsorge; die Kompatibilität der mitgliedstaatlichen Regelung wird hiervon unabhängig beurteilt. Relevanter Maßstab sind die EG-Grundfreiheiten, die unmittelbar horizontal zwischen Staat und Bürger in jedem Mitgliedsland Geltung beanspruchen. Da jedem Unionsbürger auf diese Weise subjektive Rechte verliehen werden, kann hieran jede nationale Regelung direkt überprüft werden[16]. Und für rechtliche Bedenken und Friktionen existiert in diesem europaweit zerklüfteten Rechtsraum ein geradezu immanenter Nährboden, was schon ein einfaches Beispiel verdeutlicht:

So ist es etwa denkbar, dass ein Steuerpflichtiger seine Vorsorgeaufwendungen zu einer Rentenversicherung nicht steuerlich – als Werbungskosten oder Sonderausgaben – geltend machen konnte und folglich seine Rentenbeiträge aus versteuertem Einkommen

15 Vgl. dazu EU-Kommission, ABl. EG 2001 Nr. C 165/6; *Brügelmann/Fuest*, Besteuerung der Altersvorsorge und Alterseinkünfte, S. 50, 52 f.

16 EuGH, Rs. 41/74 („van Duyn"), Slg. 1974, 1337, 1347, Rn. 5/7; Rs. C-415/93 („Bosman"), Slg. 1995, I-4921, 5068, Rn. 93; *Kingreen*, Struktur der Grundfreiheiten des Europäischen Gemeinschaftsrechts, S. 23 ff.

leisten musste. Konsequent wäre dann im Sinne des intertemporalen Korrespondenzprinzips, wonach jede im Leben verdiente Geldeinheit nur einmal besteuert werden soll[17], dass die Rentenauszahlungen vollständig steuerfrei blieben. Zieht dieser Zensit aber als Rentner in ein europäisches Land um, in dem die Vorsorgeaufwendungen steuerfrei gestellt sind und im Gegenzug die Rentenbezüge besteuert werden, so trifft ihn eine doppelte Belastung. Der umgekehrte Fall einer Nichtbesteuerung ist natürlich genauso denkbar, wäre aber wohl wegen einer Begünstigung des Bürgers hinnehmbar. Unbehagen verursacht indes der erste Beispielsfall. Durch Doppelbesteuerungsabkommen wird zwar teilweise versucht, diese Mehrfachbesteuerung abzumildern, indem der Wohnsitzstaat des Rentners dann auf die Besteuerung verzichtet. In Anbetracht der heutzutage schnelllebigen Steuergesetzgebung werden die Doppelbesteuerungsabkommen allerdings nicht immer umgehend angepasst werden können.

Auf diesem scheinbar nahe liegenden Feld der Doppelbesteuerung von Rentenauszahlungen haben sich die vorgenannten EuGH-Urteile allerdings nicht zugetragen. Es ging dabei vielmehr zum einen um Benachteiligungen von Zugezogenen, denen die steuerliche Abziehbarkeit von Vorsorgeaufwendungen verweigert wurde, weil sie diese Zahlungen an ausländische Versorgungseinrichtungen erbracht hatten, zum anderen um die Verweigerung von Begünstigungen für ausländische Steuerpflichtige[18]. Bezogen auf die gegenständliche Thematik der steuerlichen Behandlung der Alterssicherung eröffnet sich damit ein weiterer Problemkomplex, inwieweit nämlich Altersvorsorgeaufwendungen (auch) im grenzüberschreitenden Verkehr steuerlich abziehbar sein müssen, wenn z.B. ein

17 Dazu ausführlich Kap. B. VI. 1. b).

18 Vgl. FN 10 und dabei vor allem die Rechtssachen „Bachmann“, Wielockx“ und „Danner“.

Angehöriger eines Mitgliedstaats seine Beiträge an eine ausländische Versorgungseinrichtung zahlt, und inwieweit allgemein diese Abziehbarkeit von nationalen, innerstaatlichen Voraussetzungen abhängig gemacht werden darf.

Es existieren offensichtlich zwei übergeordnete Problembereiche, nämlich einmal im *Zeitraum der Rentenbeitragszahlung* bezüglich der Diskriminierung von Steuerpflichtigen bei der Einschränkung der Abziehbarkeit von Altersvorsorgeaufwendungen und zum anderen in der *Phase der Rentenauszahlung.*

Die zunehmende Mobilität der Arbeitnehmer und Rentner sowie die demographische Entwicklung in Europa hin zu einer Überalterung der Gesellschaft sind die Ursachen für die stetige Verschärfung dieser Probleme und erhöhen naturgemäß den Reformdruck in diese Richtung. Deshalb sollen Gegenstand der Untersuchung in den nächsten beiden Kapiteln die grundsätzliche Ausgestaltung der grenzüberschreitenden Abziehbarkeit von Vorsorgeaufwendungen sowie die Behandlung der Rentenauszahlung einschließlich ihrer Besteuerung am Maßstab der EG-Grundfreiheiten sein. Lediglich spezielle Aspekte der betrieblichen Altersvorsorge sollen bei dieser grundlegenden Betrachtung aufgrund ihrer besonderen europarechtlichen Anknüpfung und weitreichenden Verzahnung in verschiedenen Vorsorgeformen ausgeklammert werden[19].

19 Vgl. Pensionsfonds-RL des Rates vom 4.6.2002 sowie die Ergänzung durch RL 2003/41/EG vom 3.6.2003, ABl. EG 2003 Nr. L 235/10 ff.

B. Beeinträchtigungen der Abziehbarkeit von Aufwendungen

Die vom EG-Vertrag verbürgten Grundfreiheiten stellen ein Herzstück des gesamten europäischen Gemeinschaftsrechts dar, wie der Europäische Gerichtshof in ständiger Rechtsprechung nicht müde wird zu betonen[20]. Erst durch sie kann das im EG-Vertrag in Artt. 2 und 3 I lit. c EG niedergelegte Ziel der Verwirklichung eines einheitlichen, frei von Hindernissen ausgestalteten Gemeinsamen (Binnen-)Marktes erreicht werden. Namentlich die Warenverkehrsfreiheit (Artt. 28, 30 EG), die Freiheit des Personenverkehrs in Form der Arbeitnehmerfreizügigkeit (Art. 39 EG) und der Niederlassungsfreiheit für Unternehmen (Artt. 43 ff. EG), die Dienstleistungsfreiheit (Artt. 49, 50 EG) sowie die Kapital- und Zahlungsverkehrsfreiheit (Artt. 56 ff. EG) werden durch diesen Kanon der Grundfreiheiten gewährleistet. Wie hieraus ersichtlich ist, knüpfen diese an irgendeine Art der wirtschaftlichen Betätigung an.

Das Schutzniveau der Freiheiten wäre deshalb unvollständig, wenn nicht flankierend mit der allgemeinen Freizügigkeit (Art. 18 EG) sowie dem allgemeinen Diskriminierungsverbot (Art. 12 EG) von diesem Merkmal unabhängige Freiheiten hinzutreten würden. Weiterhin werden diese einzelnen Primärrechte schließlich durch einen weit reichenden Katalog von Sekundärrechten in Form von Verordnungen ergänzt, wodurch die Anwendung, Durchführung und Verwirklichung der Grundfreiheiten letztlich erleichtert wird. Für die Beurteilung der steuerlichen Behandlung von Vorsorge-

---

20 Siehe nur EuGH, Rs. C-415/93 („Bosman"), Slg. 1995, I-4921, 5065, Rn. 78 sowie *Brechmann*, in: Callies/Ruffert, Art. 39 Rn. 1 mit jeweils weiteren Nachweisen.

aufwendungen im Rahmen der Alterssicherung sind insoweit die Warenverkehrsfreiheit sowie Artt. 12 und 18 EG von keinem Interesse. Das Augenmerk soll sich deshalb auf die übrigen speziellen Grundfreiheiten und mit diesen zusammenhängenden Sekundärrechten konzentrieren.

I. Struktur und Wirkungen der Grundfreiheiten

Ohne eine präzise Qualifizierung und klare Bestimmung der Struktur, Reichweite und Wirkungsweise der Grundfreiheiten kann eine fundierte Auseinandersetzung mit dieser Thematik jedoch nicht geleistet werden. Ausgangspunkt der Analyse muss deshalb primär die Verständigung über wesentliche Charakteristika der Grundfreiheiten sein.

1. Diskriminierungs- und Beschränkungsverbote

Ihre herausgehobene Relevanz liegt nicht nur – wie eingangs bereits kurz dargestellt – in der unmittelbaren Geltung, was impliziert, dass es keines nationalen Umsetzungsaktes der Mitgliedstaaten wie bei einer Richtlinie bedarf, damit dem Unionsbürger ein subjektives Recht verliehen wird. Vielmehr ist neben dieser Wirkungsweise vor allem ihre Struktur ausschlaggebend für einen umfangreichen Schutzcharakter. Aus dem Wortlaut der Grundfreiheiten lässt sich insoweit teilweise das Verbot von Diskriminierungen[21], teilweise aber auch nur das Verbot ungerechtfertigter Beschränkungen ableiten[22].

21 Vgl. Artt. 39 II, 50 III EG.

22 Vgl. Artt. 28, 30 und 49 EG.

Grundfreiheiten indizieren damit sowohl Diskriminierungs- als auch Beschränkungsverbote: Während erstere dem EG-Ausländer einen Anspruch auf Gleichbehandlung mit Inländern gewähren und somit jegliche Formen von unterschiedlicher Behandlung aufgrund der Staatsangehörigkeit verbieten, untersagt das Verbot von Beschränkungen darüber hinaus auch für unterschiedslos wirkende Maßnahmen, d.h. solchen, die für alle Unionsbürger gleichermaßen gelten, eine Beeinträchtigung der Grundfreiheiten[23]. Aufgrund des explizit kodifizierten allgemeinen Diskriminierungsverbots bestand stets weitgehende Einigkeit, dass jede spezielle Grundfreiheit als besondere Ausprägung dieses Verbots verstanden werden musste.

Bedenken können allerdings gegen eine grundsätzliche Anerkennung der Grundfreiheiten als Beschränkungsverbote erhoben werden. Zumindest für die Arbeitnehmerfreizügigkeit und Dienstleistungsfreiheit steht der ausdrückliche Wortlaut entgegen. Der Europäische Gerichtshof hat sich jedoch spätestens mit den Entscheidungen in den Rechtssachen „Bosman“, „Gebhard“ und „Centros“ über diese Zweifel hinweggesetzt und wendet auch diese Grundfreiheiten im Sinne von Beschränkungsverboten an[24]. Auf diese Weise ist der Schritt hin zu einem einheitlichen Verständnis der Grundfreiheiten als Diskriminierungs- und Beschränkungsverbote vollzogen und ihre tatbestandliche Reichweite ausgedehnt, aber gleichzeitig auch angeglichen. Einzelne Unterschiede werden auf diese Weise eingeebnet, was in der Literatur gemeinhin als „*Konvergenz*“ der Grundfreiheiten bezeichnet wird[25].

---

23 Vgl. *Streinz*, Rn. 671.

24 Vgl. EuGH, Rs. C-415/93 („Bosman"), Slg. 1995, I-4921, 5068 f., Rn. 94-96; inzident EuGH, Rs. C-55/94 („Gebhard“), Slg. 1995, I-4165, 4197 f., Rn. 37 ff.; EuGH, Rs. C-212/97 („Centros Ltd.“), Slg. 1999, I-1459, 1491, Rn. 19-21.

25 Vgl. *Weiß*, EuZW 1999, S. 493, 496 f. sowie vor allem *Cordewener*, S. 105 m.w.N., wobei darauf hinzuweisen ist, dass sich die „Konvergenz“ der Grundfreiheiten nicht nur in dieser Hinsicht niederschlägt, sondern ebenso

Vor dem Hintergrund der Verwirklichung eines einheitlichen Binnenmarktes ist diese Entwicklung nicht nur zu begrüßen, sondern zwingend erforderlich: Denn selbst wenn Regelungen unterschiedslos für In- und Ausländer gelten, kann für den Ausländer gleichwohl eine faktische Zugangssperre zum inländischen Markt bestehen, falls sich die inländische Wirtschaft auf diese Maßnahmen bereits einstellen konnte. Umgekehrt besteht aber aus Sicht eines Inländers gleichermaßen die Gefahr, dass er de facto gehindert wird, sein Herkunftsland zu verlassen, grenzüberschreitend seine Dienstleistungen anzubieten etc., was der Fall „Bosman" mit den Transferentschädigungen für Fußballprofis exemplarisch belegt. Im Grundsatz wäre damit prinzipiell jede nationale Norm geeignet, den grenzüberschreitenden Verkehr zu beeinflussen und zu behindern.

An dieser Feststellung als Folge einer dermaßen weiten Auslegung der Grundfreiheiten entzündet sich teilweise die Befürchtung, dass der Europäische Gerichtshof somit die Befugnis an sich reiße, unberechtigterweise nach Belieben nationales Recht überprüfen zu dürfen[26]. Diese Kritik verkennt indes die Notwendigkeit eines grenzüberschreitenden Bezugs, der elementare Voraussetzung für die Anwendung der Grundfreiheiten ist. Liegt dieser allerdings vor, dann ist nicht erkennbar, warum die Prüfungskompetenz des Europäischen Gerichtshofs auf Diskriminierungen im Bereich einzelner Grundfreiheiten begrenzt sein soll: Der Auftrag des Europäischen Gerichtshofs ist die Auslegung, Anpassung und Fortbildung des Gemeinschaftsrechts auf Grundlage des EG-Vertrages, weshalb er

---

in einer inhaltlichen Angleichung vollzieht, was den EuGH vermehrt dazu verleitet, zwischen den verschiedenen Grundfreiheiten, insbesondere zwischen Artt. 39, 43 und 49 EG, keine klare Abgrenzung mehr vorzunehmen; vgl. EuGH, Rs. 36/74 („Walrave u. Koch"), Slg. 1974, 1405, 1419 f., Rn. 16 ff.; Rs. C-106/91 („Ramrath"), Slg. 1992, I-3351, 3383 f., Rn. 25 ff.

26 Vgl. *Everling*, GS Knobbe-Keuk, S. 607, 620 f.; *Kingreen/Störmer*, EuR 1998, S. 263, 287 f.

– ebenso wie die anderen EU-Organe und Mitgliedstaaten – insbesondere das Ziel eines einheitlichen Binnenmarktes nicht aus dem Auge verlieren darf. Jegliche Konterkarierung in diese Richtung – und eine solche liegt wie gesehen auch bei unterschiedslos wirkenden Regelungen typischerweise vor – ist zu untersagen. Das Argument einer unzulässigen Ausdehnung der Rechtsprechungskompetenz des Europäischen Gerichtshofs spricht also nicht gegen die Qualifizierung der Grundfreiheiten sowohl als Diskriminierungs- als auch Beschränkungsverbote.

Interpretiert man diesen ambivalenten Charakter aber weiter, so können die Grundfreiheiten gerade wegen dieser Schutzrichtungen strukturell mit den Gleichheits- wie auch den Freiheitsrechten des Grundgesetzes der Bundesrepublik Deutschland gleichgesetzt werden. Diese Sichtweise löst freilich weitere Gegenstimmen aus, die die grundsätzliche Notwendigkeit einer derartigen Ambivalenz für überflüssig halten, da jede Beschränkung bei entsprechender Vergleichsgruppenbildung stets als Diskriminierung aufgefasst werden könne, was insbesondere von *Kingreen* vertreten wird[27]. Ohne in diesem Punkt in weitere Details verfallen zu wollen, sei wiederum nur auf den Fall „Bosman" verwiesen, der genau das Gegenteil belegt, dass eine „Umdeutung" von Beschränkungen in Diskriminierungen eben nicht immer gelingt: Die Regelung der Transferentschädigungen trifft alle Fußballprofis gleichermaßen, sodass dieser Regelung bei vordergründiger Betrachtung sicherlich kein diskriminierender Charakter innewohnt. Allerdings ist aber ebenso wenig ein Vergleich denkbar, der eine Ungleichbehandlung begründen könnte[28]. Somit besteht in der Tat das Bedürfnis für ein Verständnis der Grundfreiheiten in gleichheits- und freiheitsrechtlicher Hinsicht.

---

27 So *Kingreen*, Struktur der Grundfreiheiten des Europäischen Gemeinschaftsrechts, S. 139 f.

28 Vgl. EuGH, Rs. C-415/93 („Bosman"), Slg. 1995, I-4921, 5069, Rn. 96 ff.

2. Verbot mittelbarer Diskriminierungen

Zugegebenermaßen sind allerdings die Übergänge – und dies ist *Kingreen* zu konzedieren – zwischen Diskriminierungen und Beschränkungen fließend. Lässt sich eine Beschränkung im Einzelfall auch als Diskriminierung auffassen, ist die Abgrenzung zwischen beiden Verbotsrichtungen kaum mehr bestimmbar. Noch undurchsichtiger wird die Lage bei sog. mittelbaren (bzw. versteckten oder indirekten) Diskriminierungen, zu denen solche Ungleichbehandlungen zählen, die typischerweise nicht unmittelbar an die Staatsangehörigkeit als Differenzierungskriterium anknüpfen, sondern andere Unterscheidungsmerkmale zugrunde legen, um realiter aber zum gleichen Ergebnis zu führen, als wenn an die Staatsangehörigkeit angeknüpft worden wäre[29].

Als häufigste Kriterien einer mittelbaren Diskriminierung werden regelmäßig das der Ansässigkeit[30] bzw. des Wohnsitzes[31] verwandt. In beiden Konstellationen wird sich die betreffende Regelung eher zum Nachteil auf den ausländischen Unionsbürger als auf den Inländer auswirken, sodass die Gefahr besteht, dass der EG-Arbeitnehmer besonders benachteiligt wird. Es reicht dabei sogar schon aus, dass die nationale Regelung (abstrakt) geeignet ist, eine derartige, mittelbar diskriminierende Wirkung hervorzurufen[32], ohne dass eine überwiegende oder maßgebliche Betroffenheit des EG-Arbeitnehmers tatsächlich eingetreten ist. Im Interesse eines einheitlichen Binnenmarktes und freien Wirtschaftsraums ist eine

---

29 Vgl. EuGH, Rs. C-175/88 („Biehl"), Slg. 1990, 1779, 1792, Rn. 13; Rs. C-279/93 („Schumacker"), Slg. 1995, I-225, 259, Rn. 26; *Streinz*, Rn. 667; *Birk*, Steuerrecht, Rn. 189.

30 Vgl. EuGH, Rs. 270/83 („avoir fiscal"), Slg. 1986, 273, 304, Rn. 18 f.

31 Vgl. EuGH, Rs. C-355/98 („Kommission/Belgien"), Slg. 2000, I-1221, 1246, Rn. 31.

32 Vgl. EuGH, Rs. C-204/90 („Bachmann"), Slg. 1992, I-249, 279, Rn. 9.

mittelbare Diskriminierung verständlicherweise ebenfalls nicht hinnehmbar, vor allem wenn sie tatsächlich die gleichen Wirkungen wie eine direkte Ungleichbehandlung aufweist.

Soweit das Kriterium des Wohnsitzes bzw. der Ansässigkeit einschlägig ist, ist jedoch – wie stets bei der Prüfung einer Diskriminierung – Voraussetzung, dass sich der Inländer, d.h. der Gebietsansässige, und der EG-Ausländer, der sog. Gebietsfremde, in einer vergleichbaren Situation befinden. Insbesondere ist dies im Regelfall bei beschränkter Steuerpflicht zu verneinen, da die persönlichen Verhältnisse des Steuerpflichtigen grundsätzlich in seinem Wohnsitzstaat berücksichtigt werden können[33]. Währenddessen ist jedoch von einer Vergleichbarkeit auszugehen, soweit der Gebietsfremde im Tätigkeitsstaat seine gesamten oder nahezu seine gesamten Einkünfte, d.h. ca. 90%, erzielt[34]. Tragender Gedanke ist hierbei, dass dann objektiv kein Unterschied mehr zwischen Grenzgängern und Gebietsansässigen besteht. Schon frühzeitig wurde zwar der Grundstein dieser Gleichbehandlung für EG-Arbeitnehmer und insbesondere Grenzgänger hinsichtlich der gleichen sozialen und steuerlichen Vergünstigungen durch Art. 7 Abs. 2 der VO (EWG) 1612/68 gelegt, doch bedurfte es im Zusammenhang mit der beschränkten Steuerpflicht einiger EuGH-Urteile und positivrechtlicher Kodifikationen in den Mitgliedstaaten, bis dieser Pflicht zur Gleichbehandlung auch tatsächlich die erforderliche Anerkennung geschenkt wurde.

---

33 So EuGH, Rs. C-279/93 („Schumacker“), Slg. 1995, I-225, 260, Rn. 32 f.; Rs. C-80/94 („Wielockx“), Slg. 1995, I-2493, 2515, Rn. 18; Rs. C-107/94 („Asscher"), Slg. 1996, I-3089, 3125, Rn. 41.

34 Anerkannte Rspr. des Gerichtshofs seit EuGH, Rs. C-279/93 („Schumacker“), Slg. 1995, I-225, 261, Rn. 36 f.; bestätigend EuGH, Rs. C-80/94 („Wielockx“), Slg. 1995, I-2493, 2515, Rn. 20; Rs. C-107/94 („Asscher"), Slg. 1996, I-3089, 3125, Rn. 42.

3. Zwischenergebnis

Unvereinbar mit den Grundfreiheiten sind daher sowohl direkte als auch indirekte Diskriminierungen sowie Beschränkungen jeglicher Art. Überdies gilt es festzuhalten, dass die Grundfreiheiten unmittelbare Geltung beanspruchen und demgemäß dem Einzelnen ein subjektives Recht gegenüber den Mitgliedstaaten verbürgen.

II. Vereinbarkeit mit der Arbeitnehmerfreizügigkeit, Art. 39 EG

Obwohl oben Tendenzen angedeutet wurden, die auf eine „Konvergenz" der Grundfreiheiten auch in inhaltlicher Hinsicht hinweisen, entbindet dies vielleicht den Europäischen Gerichtshof von der genauen Subsumtion eines Sachverhalts unter die Grundfreiheiten, nicht aber eine abgewogene und wissenschaftliche Abhandlung. Erst durch die präzise Einordnung der Problemstellung werden oftmals erst entscheidende Aspekte deutlich und können damit einer Lösung zugeführt werden. Anhand der Vorgaben der Arbeitnehmerfreizügigkeit ist demgemäß die Frage des Umfangs der Abziehbarkeit von Altersvorsorgeaufwendungen dezidiert zu erörtern.

1. Sachlicher und persönlicher Anwendungsbereich

Die Freizügigkeit des Arbeitnehmers will gemäß Art. 39 II EG jede Art der Diskriminierung und – wie gesehen – auch der Beschränkung in Bezug auf Beschäftigung, Entlohnung und sonstiger Arbeitsbedingungen verhindern. Dabei ist der Begriff des Arbeitnehmers gemeinschaftsrechtlich zu bestimmen, sodass eine eingrenzende Auslegung durch die Mitgliedstaaten zur Verfolgung eigener Interessen ausgeschlossen ist.

Demzufolge wird der Begriff denkbar weit gefasst und als Arbeitnehmer in diesem Sinne jeder abhängig Beschäftigte verstanden, der ein Entgelt erhält, das nicht als völlig unwesentlich bezeichnet werden kann[35]. Merkmale wie Weisungsgebundenheit, dauerhafte Beschäftigung, die der Erzielung und Erhaltung der Lebensgrundlage etc. dienen, wie sie dem deutschen Arbeitsrecht eigen sind, sind hierbei irrelevant. Mehrere Verordnungen und Richtlinien der Europäischen Union formen insbesondere den gleichen Zugang zur Beschäftigung, die Gleichbehandlung bei der Ausübung der Beschäftigung sowie Ein- und Ausreisemodalitäten näher aus[36].

Diese Inhalte, die sicherlich zu den klassischen der Arbeitnehmerfreizügigkeit zählen, helfen allerdings wenig weiter, wenn man versucht, die steuerliche Behandlung von Altersvorsorgeaufwendungen in diesen Kontext einzuordnen. Als einzig tauglicher Anknüpfungspunkt zur Eröffnung des Anwendungsbereichs dieser Grundfreiheit verbleibt nur der Bezugsrahmen der „Entlohnung“. Unmittelbar einsichtig ist freilich auch dieser Ausgangspunkt nicht unbedingt, da es um die Berücksichtigung einer steuerlichen Tatsache und nicht einer arbeitsentgeltlichen Frage geht. Bei streng formaler Betrachtung könnte man die Einschlägigkeit der Grundfreiheit wegen ihres eindeutigen Wortlauts und einer damit möglicherweise verbundenen Begrenzung der Anwendbarkeit auf reine Entgeltaspekte durchaus ablehnen.

Der Europäische Gerichtshof geht unbeirrt und scheinbar wie selbstverständlich in der Rechtssache „Biehl“[37], als von ihm erstmals die Vereinbarkeit von einkommensteuerlichen Erstattungs-

---

35 Vgl. *Wölker*, in: Groeben/Thiesing/Ehlermann, Vorbem. zu Artt. 48-50 EWG Rn. 21 m.w.N.

36 Vgl. VO 1612/68, ABl. EG Nr. L 257/2 ff.; VO 1251/70, ABl. EG 1970 Nr. L 242/24 ff.; RL 64/221/EWG, ABl. EG 1964 Nr. L 56/850 ff.

37 Vgl. EuGH, Rs. C-175/88 („Biehl“), Slg. 1990, I-1779, 1792, Rn. 11 f.

verweigerungen mit der Arbeitnehmerfreizügigkeit entschieden werden musste, einen anderen Weg: Die Anwendbarkeit von Art. 48 EGV (jetzt Art. 39 EG) stehe hierfür völlig außer Zweifel. Dies ergebe sich unter Beachtung des Grundsatzes der Gleichbehandlung auf dem Gebiet der Entlohnung gemäß Art. 7 der VO 1612/68, der ansonsten seiner Wirkung beraubt wäre, wenn nationale Vorschriften über die Einkommensteuer an dieser Stelle diskriminierend eingreifen könnten. Der Kläger, ein deutscher Staatsangehöriger, der 1983 vom 1. Januar bis 31. Oktober in Luxemburg ansässig war, dort auch arbeitete und danach wieder in die Bundesrepublik zurückkehrte, könne sich deshalb hinsichtlich der Verweigerung eines Lohnsteuerjahresausgleichs in Luxemburg auf die Arbeitnehmerfreizügigkeit berufen.

In sich ist diese Argumentation allerdings bei genauerem Hinsehen unstimmig und bedenklich, weil sich der Europäische Gerichtshof nur vordergründig einer Verordnung als „Auslegungshilfe" einer Grundfreiheit bedient. Realiter ist es vielmehr so, dass sekundäres Gemeinschaftsrecht benutzt wird, um primäres Gemeinschaftsrecht, nämlich eine Grundfreiheit, inhaltlich zu bestimmen. Zwar dürfen Verordnungen das Primärrecht ausfüllen und für die Anwendung in den Mitgliedstaaten konkretisieren, doch müssen die zentralen Inhalte vom Primärrecht – ggf. durch dessen Auslegung – vorgegeben werden. Indem der Europäische Gerichtshof hier den umgekehrten Weg beschreitet, verstößt er gegen den Grundsatz, dass niederrangiges Recht nicht höherrangiges bestimmen darf. Das Vorgehen des Europäischen Gerichtshofs ist insoweit durchaus fragwürdig.

Deswegen ist die eigentlich dahinter stehende Argumentation des Gerichtshofs umso bedeutender, als darin deutlich wird, wie der Bezug zur „Entlohnung" (tatsächlich) bei steuerrechtlichen Fragestellungen hergestellt wird: Es soll für die Beeinträchtigung einer Grundfreiheit ausreichen, dass sich eine *Kausalkette* feststellen lasse, die in eine belastende Wirkung auf die Erträge einer wirtschaftlichen Tätigkeit einmünde[38]. Dieser Gedankengang zeigt einen gewissen Charme, steht hinter ihm doch das stetige Bestreben des Gerichtshofs, zur Verwirklichung eines frei von Hindernissen entwickelten Gemeinsamen Marktes den Grundfreiheiten zu möglichst umfassender Anwendbarkeit zu verhelfen.

Mit der weiten Auslegung des Arbeitnehmerbegriffs hat der Europäische Gerichtshof diese Rechtsprechung für die Arbeitnehmerfreizügigkeit eröffnet – mit einem weiten Verständnis von „Entlohnung“ führt er sie fort und entwickelt sie weiter. Zudem korrespondiert diese Argumentation auch mit dem Verbot mittelbarer Diskriminierungen und fügt sich schlüssig in dieses Konzept ein. Reflexiv wirkt sich die Verweigerung der Teilhabe an einem Lohnsteuerjahresausgleich mithin über eine während des Jahres zu viel gezahlte Lohnsteuer evident nachteilig auf die Erträge der wirtschaftlichen Betätigung aus, die dadurch gemindert werden. „Entlohnung“ i.S.v. Art. 39 II EG ist demgemäß ebenso wie der Arbeitnehmerbegriff weit zu verstehen und beinhaltet auch die einkommensteuerliche Komponente.

Seit der „Biehl“-Entscheidung steht die Einschlägigkeit der Arbeitnehmerfreizügigkeit für sämtliche steuerlichen Bezugspunkte außer Frage; insbesondere in der Rechtssache „Schumacker“ wurde diese Rechtsprechung nochmals deutlich hervorgehoben[39]. Für eine möglicherweise diskriminierende steuerliche Behandlung von Altersvorsorgeaufwendungen im Allgemeinen kann deshalb nichts anderes gelten: Als Werbungskosten oder Sonderausgaben sind sie Bestandteil der Einkommensteuerermittlung und beeinflussen na-

---

38 Vgl. EuGH, Rs. C-175/88 („Biehl“), Slg. 1990, I-1779, 1792, Rn. 12.

39 Vgl. EuGH, Rs. C-279/93 („Schumacker“), Slg. 1995, I-225, 257 f., Rn. 23; dagegen knapp und ohne nähere Ausführungen EuGH, Rs. C-204/90 („Bachmann“), Slg. 1992, I-249, 279, Rn. 9.

turgemäß kausal die Erträge, die „Früchte" wirtschaftlicher Tätigkeit des Arbeitnehmers. Der Anwendungsbereich der Arbeitnehmerfreizügigkeit ist mithin grundsätzlich eröffnet.

2. Beeinträchtigung

Des Weiteren müsste nunmehr die Arbeitnehmerfreizügigkeit beeinträchtigt sein. Soweit eine solche feststellbar ist, wäre nachfolgend eine mögliche Rechtfertigung in Erwägung zu ziehen, um abschließend beurteilen zu können, ob eine Verletzung der Grundfreiheit im Ergebnis vorliegt. Als Ausgangspunkt für eine Beeinträchtigung bieten sich verschiedene Anknüpfungen an.

a) Versagung der Abzugsfähigkeit wegen vorgelagerter Besteuerung

Ganz unbefangen könnte zunächst die Frage aufgeworfen werden, ob nicht schon eine Beeinträchtigung von Art. 39 I, II EG vorliegt, wenn ein Arbeitnehmer steuerlich seine gesetzlichen, betrieblichen als auch privaten Altersvorsorgeaufwendungen nicht vollumfänglich steuerlich in Abzug bringen kann, weil er in einem System der vorgelagerten Besteuerung der Alterssicherung steuerpflichtig ist, das eine Entrichtung der Vorsorgebeiträge aus versteuertem Einkommen bei gleichzeitiger Steuerfreistellung der Rentenzahlung vorsieht[40].

Begreift man mit der herrschenden Meinung und dem Gerichtshof die Grundfreiheiten auch prinzipiell als Beschränkungsverbote, so könnte man sich vor diesem Hintergrund zu der Annahme verleitet sehen, dass in der – auch nur teilweisen – Beschränkung der Abziehbarkeit eine Beeinträchtigung der Arbeitnehmerfreizügigkeit

---

40 Vgl. *Peffekoven*, ifo-Schnelldienst 21/2000, S. 3, 3 f.

liegt. Eine solche Sichtweise würde jedoch implizieren, dass de facto ein Anspruch des Unionsbürgers auf Einführung eines Systems vollständiger steuerlicher Berücksichtigung von Vorsorgeaufwendungen besteht. Umgekehrt müssten dann die Auszahlungen während des Ruhestandes im Sinne des intertemporalen Korrespondenzprinzips aber auch komplett der Steuer unterworfen werden, was dem Prinzip einer nachgelagerten Rentenbesteuerung entspräche[41].

Voraussetzung wäre allerdings, dass durch die Nichteinführung einer nachgelagerten Rentenbesteuerung Rechte des Bürgers aus dem EG-Vertrag verletzt werden. Eine Rechtsverletzung wäre indes nur dann anzunehmen, wenn sich aus dem Gemeinschaftsrecht auch eine Wertentscheidung zugunsten einer nachgelagerten Besteuerung gegenüber einem vorgelagerten Verfahren ergibt. Vom Gemeinschaftsrecht werden in diese Richtung jedoch gerade keine Vorgaben gemacht. Es widerspräche dem Wesen des Gemeinschaftsrechts und insbesondere der Grundfreiheiten, wenn für ein bestimmtes System optiert würde: Zwar ist auf der einen Seite die Intention eine Gleichbehandlung aller Unionsbürger unter möglichst ungehinderter Nutzung ihrer freiheitlichen Rechte, auf der anderen Seite verbleiben den Mitgliedstaaten – wie z.B. im Steuerrecht bei den direkten Steuern – weiterhin autonome Rechtsetzungsbefugnisse, die sie unter Wahrung des Gemeinschaftsrechts weiterhin ausüben dürfen. Entscheidet sich ein Mitgliedstaat demnach für eine vorgelagerte Rentenbesteuerung, so geschieht dies im Rahmen seiner Hoheitsbefugnisse und mit der Möglichkeit der Gleichbehandlung auch grenzüberschreitender Sachverhalte. Dem Geist und den Maßstäben des EG-Vertrages wäre auch auf diese Weise entsprochen.

Hingegen wäre es umgekehrt, d.h. bei Statuierung einer Pflicht zur Einführung einer nachgelagerten Rentenbesteuerung, gerade so,

---

41 Vgl. *Peffekoven*, ifo-Schnelldienst 21/2000, S. 3, 3 f.

dass ein sich freiheitlich entfaltender Rechtsraum gerade behindert würde, indem a priori bestimmte (steuerliche) Systeme ausgeschlossen werden. Eine Beeinträchtigung der Arbeitnehmerfreizügigkeit kann aus der Nichteinführung eines Systems nachgelagerter Besteuerung der Alterseinkünfte somit nicht hergeleitet werden. Demzufolge ist auch der mit dem Alterseinkünftegesetz verabschiedete schrittweise Übergang von einer teilweisen zu einer komplett nachgelagerten steuerlichen Erfassung der Sozialversicherungsrenten europarechtlich nicht zu beanstanden[42].

b) Versagung der Abzugsfähigkeit von grenzüberschreitender Vorsorge

Eine Beeinträchtigung in Form der Diskriminierung könnte ferner auch die Nichtanerkennung von grenzüberschreitenden Altersvorsorgeaufwendungen darstellen. In einem derartigen Fall leistet ein Steuerpflichtiger Beiträge an einen ausländischen Versorgungsanbieter bzw. eine ausländische Versorgungseinrichtung und begehrt steuerliche Abzugsfähigkeit in seinem Wohnsitzstaat. Die Rechtssachen „Bachmann“ und „Danner“ waren von dieser Problematik beherrscht[43]:

---

42 Dagegen könnte etwas anderes mit Blick auf Artt. 3 I und 14 I GG gelten, wenn es für die ab 2005 in die Berufstätigkeit eintretenden Jahrgänge bei Rentenauszahlung zu einer partiellen Doppelbesteuerung kommt, vgl. *Wosnitza,* Skript zur Hauptstudiumsvorlesung Einzelsteuern, S. 116. Das BVerfG räumt dem Gesetzgeber zwar einen weiten Gestaltungsspielraum ein, verlangt aber zugleich, dass eine Mehrfachbesteuerung vermieden wird (BVerfGE 105, 73, 134 f.) Für diese Jahrgänge hilft auch nicht das Argument, ein Teil der Rentenbeiträge sei aus unversteuertem Einkommen der Arbeitgeber geleistet worden.

43 Siehe oben FN 10. Genau genommen zählt zu dem „Bachmann“-Verfahren auch noch die Rs. 300/90 („Kommission/Belgien“), Slg. 1992, I-305 ff.

Der deutsche Staatsangehörige Hanns-Martin Bachmann hatte in Deutschland eine Lebensversicherung abgeschlossen, verlegte allerdings wenig später seinen Wohnsitz aufgrund seiner Arbeitnehmertätigkeit nach Belgien, sodass er dort steuerpflichtig wurde. Im Rahmen seiner einkommensteuerlichen Veranlagung begehrte er die steuerliche Abzugsfähigkeit der fortlaufenden Beitragszahlungen zu seiner deutschen Altersvorsorgeversicherung. Nach belgischer Rechtslage war die steuerliche Anerkennung für die fraglichen Zeiträume jedoch nur möglich, wenn die Beiträge an einen von Belgien anerkannten Versicherungsverein auf Gegenseitigkeit entrichtet oder in Belgien endgültig gezahlt wurden (vgl. seinerzeit Art. 54 CIR). Da die deutsche Versicherung diese Voraussetzungen nicht erfüllte, wurde der steuermindernde Abzug verweigert.

In einer vergleichbaren Lage sah sich der Arzt Rolf Dieter Danner, der sowohl die deutsche als auch die finnische Staatsangehörigkeit besaß, als er 1977 seinen Wohnsitz nach Finnland verlegte, aber weiterhin freiwillige Vorsorgebeiträge an die BfA und die Berliner Ärzteversorgung entrichtete. Entsprechend war auch in dieser Rechtssache die steuermindernde Abziehbarkeit zu klären.

Offensichtlich liegt in den dargestellten Rechtssachen keine unmittelbare Diskriminierung anhand der Staatsangehörigkeit vor. Von den jeweiligen Vorschriften über die Anforderungen an die Abzugsfähigkeit von Vorsorgebeiträgen werden sowohl inländische Arbeitnehmer als auch Arbeitnehmer mit der Staatsangehörigkeit anderer Mitgliedstaaten gleichermaßen betroffen. Weil jedoch Staatsangehörige regelmäßig in ihrem Herkunftsland entsprechende Versicherungen abgeschlossen haben, wirken sich diese – die Abzugsfähigkeit von Vorsorgeaufwendungen regelnden – Bestimmungen eher zum Nachteil von Steuerpflichtigen anderer Mitgliedstaaten aus, wie der Europäische Gerichtshof richtigerweise feststellt[44].

---

44 Vgl. EuGH, Rs. C-204/90 („Bachmann"), Slg. 1992, I-249, 279, Rn. 9.

Damit ist die klassische Situation einer mittelbaren Diskriminierung gegeben. Obwohl nicht explizit auf die Staatsangehörigkeit als Differenzierungskriterium abgestellt wird, ergibt sich faktisch kein anderes Ergebnis, da ein freier Wirtschaftsverkehr gleichermaßen eingeschränkt wird. Wenn man schon den Begriff der „Entlohnung" i.S.v. Art. 39 II EG auch unter einer steuerlichen Perspektive betrachtet, ist es nur folgerichtig bei der Frage einer Beeinträchtigung den soeben definierten weiten Anwendungsbereich der Grundfreiheit nicht umgehend wieder einzugrenzen, indem mittelbare Diskriminierungen ausgeklammert werden. Es gilt dabei insbesondere zu beachten, dass auch der steuerliche Aspekt eine Arbeitsplatzwahl beeinflussen kann. Zugegebenermaßen wird davon die Mobilität innerhalb der Gemeinschaft nicht maßgeblich beeinflusst werden; dennoch wäre es lebensfremd, in den Überlegungen des Arbeitnehmers diese Erwägungen auszublenden. Und allein die (abstrakte) Gefahr einer Behinderung des Gebrauchs einer grundfreiheitsrechtlichen Position muss insoweit schon ausreichen, um eine Beeinträchtigung anzunehmen[45].

Klar ist damit eines: Soweit sich ein Mitgliedstaat für die steuermindernde Abzugsfähigkeit von gesetzlichen oder privaten Vorsorgeaufwendungen entscheidet, stellt die Versagung bzw. Einschränkung dieser Möglichkeit für sämtliche Gestaltungen einer entsprechenden grenzüberschreitenden Altersvorsorge eine Beeinträchtigung der Arbeitnehmerfreizügigkeit dar. Aus Sicht der Staatsangehörigen anderer Mitgliedstaaten läge dann regelmäßig eine mittelbare Ungleichbehandlung vor.

Stimmt man diesem Ergebnis soweit zu, so schließt sich allerdings die Frage an, ob der Mitgliedstaat die Abzugsfähigkeit von Vorsorgeaufwendungen an ausländische Anbieter dann auch seinen eige-

45 So deutlich auch EuGH, Rs. C-237/94 („O'Flynn"), Slg. 1996, I-2617, 2638 f., Rn. 20.

nen Staatsangehörigen gewähren muss. Problematisch ist hieran, dass es an einem grenzüberschreitenden Bezug im Rahmen der Arbeitnehmerfreizügigkeit fehlt, sodass diese genau genommen nicht berührt ist. Diesen restriktiven Standpunkt bei fehlendem Auslandsbezug vertritt auch der Gerichtshof und nimmt dabei billigend in Kauf, dass es dadurch im Zweifel zu einer Inländerdiskriminierung kommt[46].

Dass sog. rein interne Sachverhalte vom Anwendungsbereich der Grundfreiheiten ausgeschlossen werden, ist in der Systematik des Primärrechts konsequent, da es stets eines grenzüberschreitenden Anhaltspunkts bedarf. Dass gleichzeitig aber eine Benachteiligung von Inländern zugelassen wird, erscheint bedenklich und vordergründig mit einem gemeinsamen Binnenmarkt schwerlich vereinbar. Um diesen Unstimmigkeiten abzuhelfen, wird deshalb von einigen Autoren für eine erweiterte Anwendbarkeit der Grundfreiheiten auch auf diese rein innerstaatlichen Vorgänge plädiert[47]. Grundsätzlich notwendig ist eine solche extensive Auslegung des Gemeinschaftsrechts gleichwohl nicht. Übersehen wird nämlich bei diesem Ansatz, dass mit dem jeweiligen Verfassungsrecht und insbesondere dem innerstaatlichen Gleichheitssatz dem Inländer eine Rechtsschutzmöglichkeit eröffnet wird, um derartige Diskriminierungen überprüfen zu lassen. Gerade bei fehlenden europarechtlichen Bezügen ist klassischerweise die Prüfungskompetenz der Verfassungsgerichte eröffnet. Wenn der Europäische Gerichtshof keinen hinreichenden Rechtsschutz gewährt, dann sieht speziell das Bundesverfassungsgericht seine Zuständigkeit subsidiär begründet[48]. Eine mögliche Inländerdiskriminierung ist folglich gemeinschaftsrechtlich unbeachtlich; lediglich auf nationaler Ebene könnte

46 Vgl. EuGH, Rs. 20/87 („Gauchard“), Slg. 1987, 4879, 4896, Rn. 12.

47 Vgl. *Epiney*, S. 203; *Lackhoff/Raczinski*, EWS 1997, S. 107, 112.

48 Vgl. BVerfGE 73, 339, 387 f.; 89, 155, 714 f.

der Gesetzgeber gezwungen werden, die den EG-Arbeitnehmern zustehenden Abzugsmöglichkeiten auch den Inländern einzuräumen.

c) Versagung von Steuervergünstigungen bei beschränkter Steuerpflicht

Als dritter und abschließend in Betracht kommender Ansatz für eine Beeinträchtigung der Arbeitnehmerfreizügigkeit offenbart sich der Problemkreis, ob den (nur) beschränkt Steuerpflichtigen, den sog. Gebietsfremden, der steuermindernde Abzug von Altersvorsorgebeiträgen ebenfalls zu gewähren ist, falls er den unbeschränkt Steuerpflichtigen, den sog. Gebietsansässigen, zusteht. Im Rahmen der allgemeinen Bestimmung mittelbarer Diskriminierungen wurde diese Frage in ihren Grundstrukturen bereits kurz angerissen[49]: Um überhaupt die Anwendbarkeit der Grundfreiheiten bejahen zu können, muss dabei zunächst die Vergleichbarkeit beider Gruppen festgestellt werden. Diese kann jedoch nur dann angenommen werden, wenn der Gebietsfremde mindestens 90% seiner Einkünfte im Tätigkeitsstaat erzielt. Ansonsten ist der Wohnsitzstaat des Gebietsfremden berufen, dessen persönliche Verhältnisse hinreichend zu berücksichtigen, sodass diese Pflicht den Tätigkeitsstaat nicht trifft.

Geht man nunmehr von dem Fall aus, dass eine Vergleichbarkeit beider Gruppen im Tätigkeitsstaat gegeben ist, so müssten bei Beachtung der Grundsätze aus dem „Schumacker-Urteil"[50] sowie Art. 7 der VO 1612/68 dem Gebietsfremden ebenfalls die den Ansässigen zustehenden „Steuervergünstigungen" gewährt werden. Im Fall des belgischen Staatsangehörigen Roland Schumacker, der in Belgien ansässig und in Deutschland berufstätig war, betraf dies insbesondere den Zugang zum Lohnsteuerjahresausgleich und Ehe-

49 Siehe oben Kap. B. I. 2.

50 Vgl. EuGH, Rs. 279/93 („Schumacker"), Slg. 1995, I-225, 257, Rn. 20 ff.

gattensplitting, welche ihm vom Finanzamt Köln-Altstadt versagt wurden.

Übertragen auf die gegenständliche – vom Europäischen Gerichtshof bisher nicht entschiedene – Problematik hängt die Abzugsfähigkeit von Altersvorsorgeaufwendungen also davon ab, inwieweit Rentenbeiträge als „Steuervergünstigungen" zu qualifizieren sind.

Die *Sachverständigenkommission zur Neuordnung der steuerlichen Behandlung der Alterseinkünfte* erkannte dieses Problem bereits zutreffend und scheint wohl zu einer Bejahung der Vergünstigungseigenschaft zu tendieren[51]. Unklar ist dabei aber der Zusammenhang zu ihrer grundsätzlichen Forderung nach der Einführung eines Werbungskostenabzugs für die gesetzliche Altersvorsorge sowie bestimmte Teile der privaten Säule[52]: Da entweder eine Vergünstigung vorliegt oder Ausgaben als Werbungskosten wegen ihres unmittelbaren Zusammenhangs mit der Erzielung von Einkünften abgezogen werden müssen, offenbaren sich methodische Ungereimtheiten. Eine Steuerminderung einerseits als Vergünstigung und andererseits als Werbungskosten zu begreifen, ist schwer nachvollziehbar.

Ebenso finden sich zu der aufgeworfenen Problematik Hinweise bei *Rädler* und *Müller*, die die Position vertreten, dass sich die „Schumacker"-Rechtsprechung auch auf Sozialabgaben übertragen lasse[53]. Es handle sich insoweit – jedenfalls hinsichtlich der gesetzlichen Rentenbeiträge – auch um „persönliche" Abzüge, die steuerlich berücksichtigt werden müssten. Diese Interpretation fußt auf einem sehr weiten Verständnis des „Schumacker"-Urteils als eine

---

51 Vgl. Sachverständigenkommission, S. 82.

52 Vgl. Sachverständigenkommission, S. 16 ff.

53 Vgl. *Rädler*, DB 1995, S. 793, 794; ohne nähere Begründung *Th. Müller*, DStR 1995, S. 585, 588.

Art „Dekret“ für ein generelles Diskriminierungsverbot für beschränkt steuerpflichtige EG-Arbeitnehmer[54]. Hieraus leitet *Rädler* auch eine völlige Gleichstellung von beschränkt und unbeschränkt Steuerpflichtigen hinsichtlich sämtlicher steuermindernder Abzüge ab. Gewiss handelt es sich mit diesem Urteil um eine wegweisende Entscheidung des Gerichtshofs – oder wie *Schön*[55] es ausdrückt – um einen „Quantensprung“, weil der Europäische Gerichtshof nicht nur endgültig eine mittelbare Diskriminierung durch die Anknüpfung an das Merkmal des Wohnsitzes fundamentiert, sondern darüber hinaus eine derartige Ungleichbehandlung erstmals aus einer Zusammenschau zweier Rechtssysteme – von Wohnsitz- und Quellenstaat – hergeleitet hat. Mangels hinreichender Berücksichtigungsmöglichkeit seiner persönlichen Verhältnisse im Wohnsitzstaat wird ein EG-Ausländer erst durch das Zusammenwirken verschiedener Rechte benachteiligt.

Als weiteres wesentliches Merkmal der „Schumacker“-Entscheidung ist der Einfluss des Europarechts auf die nationale Steuergesetzgebung in bisher ungeahnter Form deutlich geworden[56]. Nachdem die EU-Länder sich in einem Gefühl der Sicherheit durch die „Bachmann“-Entscheidung wähnten und gleichsam hinsichtlich der Bedeutung des Gemeinschaftsrechts für ihr gesetzgeberisches Schaffen in einen sanften Dornröschen-Schlaf verfielen, wurden sie nur gute drei Jahre später vom Europäischen Gerichtshof unsanft geweckt.

Ob sich allerdings die „Schumacker“-Rechtsprechung im Sinne von *Rädler* und *Müller* über die anerkannten Feststellungen von *Schön* und *Knobbe-Keuk* fortschreiben lässt, ist fraglich. Ange-

54 Vgl. *Rädler*, DB 1995, S. 793, 796.

55 Vgl. *Schön*, IStR 1995, S. 119, 121.

56 Vgl. *Knobbe-Keuk*, EuZW 1995, S. 167, 168 f.; *Th. Müller*, DStR 1995, S. 585, 588 f.

sichts des klaren Wortlauts der Entscheidung wäre es voreilig, die Formulierung „Steuervergünstigung" ohne eine genaue systematische Betrachtung überzuinterpretieren. Abwegig ist die Erstreckung dieser Rechtsprechung auf Altersvorsorgeaufwendungen allerdings grundsätzlich nicht. Es muss jedoch zunächst ein systematischer Ansatz gefunden werden, damit eine begründete Aussage auch für die Abzugsfähigkeit von Vorsorgeaufwendungen beschränkt Steuerpflichtiger getroffen werden kann und eine Interpretation im luftleeren Raum ohne wissenschaftlichen Unterbau verhindert wird.

aa) Abzugsfähigkeit von Rentenbeiträgen als „Steuervergünstigungen"

Von ausschlaggebender Bedeutung ist dabei der Begriff der „Steuervergünstigung". Bedauerlicherweise liefert weder das Gemeinschaftsrecht noch das „Schumacker-Urteil" in dieser Hinsicht eine allgemeine Definition. Der Europäische Gerichtshof gibt lediglich mit dieser Rechtsprechung zu erkennen, dass offensichtlich Ehegattensplitting und Lohnsteuerjahresausgleich hierunter zu subsumieren sind. Somit verbleibt einzig ein Rückgriff auf nationale terminologische Bestimmungen. Dieses Vorgehen erscheint umso angezeigter, als in der steuerrechtlichen Terminologie und vor allem im alltäglichen Sprachgebrauch mit dem Terminus der „Steuervergünstigung" (bzw. dem „Steuervorteil") häufig all diejenigen Normen verbunden werden, die zu einer Minderung der Besteuerungsgrundlage führen[57].

Tipke/Lang weisen jedoch zu Recht darauf hin, dass Abzüge, die die steuerliche Bemessungsgrundlage aus Gründen der Leistungsfähigkeit mindern, nicht als Vergünstigung in diesem Sinne ver-

---

57 Vgl. *Tipke/Lang*, § 7 Rn. 36.

standen werden dürfen[58]. Es ist gerade das Charakteristikum dieser Minderungen, dass sie unmittelbar aus dem Leistungsfähigkeitsprinzip folgen und damit immanent als Abzugsposten bei der Ermittlung der Besteuerungsgrundlage einzustellen sind. Nach dieser Ansicht ist es ein Gebot grundrechtlicher Natur, dass jeder nur nach seiner (*subjektiven*) Leistungsfähigkeit besteuert werden darf[59].

Aus semantischer wie auch vorstehend dogmatischer Sicht kann und darf deshalb nicht von „Vergünstigungen" im Rahmen einer Leistungsfähigkeitsbetrachtung gesprochen werden. Der Begriff der Vergünstigung steht dem vielmehr diametral gegenüber und meint richtigerweise einen Vorteil, der stets außerhalb des Leistungsfähigkeitsprinzips und nur aufgrund besonderer – sozialer, politischer, kultureller oder sonst für förderungswürdig befundener – Umstände dem Steuerpflichtigen gewährt wird. Systematisch stellen „Steuervergünstigungen" mithin eine Durchbrechung des Prinzips subjektiver Leistungsfähigkeit dar, die wiederum nur durch ein anderes Verfassungsprinzip gerechtfertigt werden kann – namentlich durch das Sozialstaatsprinzip (Art. 20 III GG). Daher werden Regelungen mit einem solchen Inhalt auch als Sozialzwecknormen bezeichnet[60].

(1) Konzept subjektiver Leistungsfähigkeit

Indes ist bei der Argumentation von *Tipke* und *Lang* zu beachten, dass sie als Vertreter der subjektiven Leistungsfähigkeit einem Konzept anhängen, das als Maßgröße der Leistungsfähigkeit die *potenzielle Bedürfnisbefriedigung* in den Vordergrund stellt. Demzufolge sind bei der (richtigen) Ermittlung der Besteuerungs-

---

58 Vgl. *Tipke/Lang*, § 7 Rn. 37.

59 Vgl. *Tipke/Lang*, § 9 Rn. 69 ff.

60 Vgl. *Tipke/Lang*, § 4 Rn. 21.

grundlage im Sinne des subjektiven Nettoprinzips vom Markteinkommen die unvermeidbaren Privatausgaben – d.h. insbesondere existenzsichernde Ausgaben, gesetzliche Unterhaltszahlungen und Sozialversicherungsbeiträge – abzuziehen, da diese zum privaten Konsum gerade nicht zur Verfügung stehen. Nur innerhalb dieses Rahmens sind obige Aussagen unbestritten.

Für Altersvorsorgeaufwendungen ergibt sich deshalb eine differenzierte Lösung: Soweit es sich um unvermeidbare Ausgaben handelt, also die gesetzlichen Rentenbeiträge als sog. Zwangsbeiträge betroffen sind, müssen diese zwingend – als Werbungskosten – bei einem solchen Leistungsfähigkeitsverständnis steuerlich abzugsfähig gestellt werden. Diejenigen Vorsorgebeiträge, die darüber hinausgehen und somit auf freiwilliger Basis einer privaten Zusatzversorgung zugeführt werden, repräsentieren ein bestimmtes Konsumpotenzial, sodass sie aus versteuertem Einkommen zu leisten wären.

Stellt der Gesetzgeber gleichwohl auch private Vorsorgeaufwendungen in diesem Rahmen steuerfrei, so kann er dies nur im Wege einer Durchbrechung des subjektiven Leistungsfähigkeitsprinzips mit Hilfe von Sozialzwecknormen erreichen. Dann läge aber entsprechend dem Ansatz von *Tipke/Lang* für privates Vorsorgesparen eine „Steuervergünstigung" vor, die den beschränkt Steuerpflichtigen nach den Vorgaben des Gemeinschaftsrechts durch das „Schumacker"-Urteil ebenfalls gewährt werden müsste. Die gesetzlichen Altersvorsorgebeiträge könnten wegen ihrer unmittelbaren Minderung des Bedürfnisbefriedigungspotenzials von den beschränkt Steuerpflichtigen erst recht – aufgrund obiger Leistungsfähigkeitserwägungen – steuerlich in Abzug gebracht werden.

(2) Markteinkommenskonzept

Hingegen lassen sich aufbauend auf den Arbeiten von *Dieter Schneider* als Bezugsgrößen der Leistungsfähigkeit auch andere

Indikatoren identifizieren[61]. So ist nach anderer Ansicht, die vorwiegend von der betriebswirtschaftlichen Steuerlehre geteilt wird, gerade das Markteinkommen als Maßgröße objektiver Leistungsfähigkeit *ohne* Abzug unvermeidbarer Privatausgaben als Besteuerungsgrundlage heranzuziehen.

Der Vorzug dieses Konzepts gegenüber dem der subjektiven Leistungsfähigkeit liege darin, dass nur auf diese Weise eine möglichst objektive, wertungsfreie und vor allem entscheidungsneutrale Ermittlung der steuerlichen Bemessungsgrundlage erfolgen könne[62]. Zudem stelle das Markteinkommen als *verwirklichter Mittelerwerb* die eigentliche, unmittelbare Zielgröße eines jeden Steuerpflichtigen dar, an der sich seine Steuerlast zu orientieren habe[63]. Folglich können Vorsorgeaufwendungen – sowohl gesetzlichen als auch privaten oder betrieblichen Ursprungs – die Bemessungsgrundlage unter Leistungsfähigkeitsgesichtspunkten nicht mindern. Entscheidend ist allein der tatsächlich verwirklichte Mittelerwerb.

Unbenommen ist es dem Gesetzgeber freilich auch in diesem System, gesetzliche wie private und betriebliche Altersvorsorge dadurch zu begünstigen, dass er einen vollständigen oder teilweisen Abzug von der Bemessungsgrundlage[64] gewährt. Dies kann dann allerdings grundsätzlich nur im Rahmen von Sozialzwecknormen als „Steuervergünstigung" im oben definierten Sinne erfolgen. Dar-

61 So ausführlich *Schneider*, FA 1979, S. 26, 27; ders., Grundzüge der Unternehmensbesteuerung, S. 26 ff.

62 Vgl. *Schneider*, Grundzüge der Unternehmensbesteuerung, a.a.O.

63 Vgl. *Schneider*, FA 1979, S. 26, 27 ff.

64 Es besteht ebenso die Möglichkeit eines Abzugs von der Steuerschuld, was ökonomisch u.U. zur Vermeidung unerwünschter Umverteilungswirkungen durch die Steuerprogression vorzugswürdig wäre. Abhängig ist hier das Ergebnis und der Grad der Umverteilung vom jeweiligen Einkommensteuertarif. Vgl. ausführlich *Wosnitza,* Skript zur Hauptstudiumsvorlesung Einzelsteuern, S. 81 f.

aus folgt, dass nach dem Markteinkommenskonzept jede den unbeschränkt Steuerpflichtigen eingeräumte Abzugsmöglichkeit von Vorsorgebeiträgen auch den beschränkt Steuerpflichtigen zugestanden werden muss.

(3) Konzept der Konsumausgabensteuer

Den dritten Baustein bei der Systematisierung von Leistungsfähigkeitsmaßgrößen stellt die „verwirklichte Bedürfnisbefriedigung" dar. Danach wird die Leistungsfähigkeit also ausschließlich durch den tatsächlichen Konsum bestimmt. Jede Form von Konsum ist folglich steuerlich relevant, Sparen als intertemporaler Konsumtransfer dagegen steuerfrei. Eine so ausgestaltete Steuer wird als Konsumausgabensteuer bezeichnet. Weil danach Beiträge zur gesetzlichen, betrieblichen oder privaten Altersvorsorge stets dem Bereich des Konsumverzichts zugeordnet werden müssen, kann es „Steuervergünstigungen" daher in diesem Zusammenhang nicht geben. Die Abzugsfähigkeit für unbeschränkt Steuerpflichtige folgt für die Gebietsfremden in diesem Konzept damit grundsätzlich schon aus ihrer persönlichen Leistungsfähigkeit, sodass es einer Argumentation über das Vorliegen einer „Steuervergünstigung" nicht bedarf.

(4) Zwischenergebnis

Falls ein steuermindernder Abzug bei gesetzlichem, betrieblichem wie privatem Vorsorgesparen den Gebietsansässigen ermöglicht wird, müsste ein solcher nach allen Leistungsfähigkeitsdefinitionen also auch den Gebietsfremden nach Maßgabe des Gemeinschaftsrechts unter den vorgegebenen Prämissen der objektiven Vergleichbarkeit, d.h. der nahezu ausschließlichen Einkünfteerzielung im Tätigkeitsstaat, zugestanden werden. Eine „Steuervergünstigung" wäre bei Gewährung der steuerlichen Abzugsmöglichkeit daher bis auf die gesetzlichen Beiträge im Konzept der subjektiven

Leistungsfähigkeit sowie der Konsumausgabensteuer stets gegeben. Und auch in diesen Fällen wären die Beiträge wie gesehen für den Gebietsfremden abziehbar. Einer weiteren Beurteilung dieser Leistungsfähigkeitskonzeptionen bedarf es daher nicht.

Dass eine den Gebietsansässigen zustehende Abzugsmöglichkeit auch den Gebietsfremden zustehen muss, wird überdies durch die zweite Grundaussage der „Schumacker"-Entscheidung gestützt, wonach Gebietsfremde auch von verfahrensrechtlichen Möglichkeiten – insbesondere vom Lohnsteuerjahresausgleich – nicht ausgeschlossen werden dürfen[65]. Wenn ihnen – wie oben vertreten – der steuermindernde Abzug von Vorsorgebeiträgen zu gewähren ist, dann ist zu dessen Durchsetzung die verfahrensrechtliche Gleichbehandlung nur die logische Konsequenz, das notwendige Korrelat. Die verfahrensrechtliche Komponente kann und darf deshalb nicht von der materiellen Seite getrennt werden. Unter Einbeziehung des verfahrensrechtlichen Aspekts ist es mithin gerechtfertigt, vor dem Hintergrund der Leistungsfähigkeitsbetrachtungen in der „Schumacker"-Entscheidung insgesamt die Statuierung eines allgemeinen Diskriminierungsverbots für beschränkt Steuerpflichtige zu sehen. Nur so gelingt es letztlich auch nur, diese Entscheidung mit dem Binnenmarktgedanken des EG-Vertrages in Einklang zu bringen: Andernfalls würde die Einkünfteerzielung in nur einem Mitgliedstaat gefördert, da im Nichtansässigkeitsstaat eine Benachteiligung des Steuerpflichtigen vorläge und dieser deshalb von einer zusätzlichen Tätigkeit außerhalb seines Wohnsitzstaats tendenziell abgehalten wird[66].

---

65 Vgl. EuGH, Rs. C-279/93 („Schumacker"), Slg. 1995, I-225, 266, Rn. 58.

66 Vgl. zu den weiteren daraus resultierenden Folgen im Hinblick auf die Vorzugswürdigkeit einer Quellensteuer Kap. C. III. 5. b).

bb) Offene Fragen – Einkünfte von weniger als 90% im Quellenstaat

Trotz wegweisender Aussagen hat das „Schumacker"-Urteil nicht nur im Bereich von Altersvorsorgeaufwendungen, sondern auch darüber hinaus Fragen offen gelassen. Da der Europäische Gerichtshof über einen Sachverhalt zu befinden hatte, bei dem der Kläger über 90% seiner Einkünfte im Quellenstaat erwirtschaftete, wird die Grenze der Gleichstellung von Gebietsansässigen und Gebietsfremden seither in diesem Bereich angesiedelt, was sich augenscheinlich in der Novellierung des deutschen Einkommensteuergesetzes im Anschluss an dieses Urteil niedergeschlagen hat[67].

Von der EU-Kommission wurde hingegen empfohlen, die Einkommensgrenze bereits bei 75% der Einkünfte im Quellenstaat anzusetzen[68]. Generalanwalt *Léger* hat in seinem Schlussantrag in der Rechtssache „Schumacker" diese Diskrepanz zwar angesprochen, die Entscheidung darüber aber in die Hoheit der nationalen Gerichte und Gesetzgeber verwiesen[69]. Gebietsfremde, die beispielsweise nur 80% ihrer Einkünfte im Quellenstaat beziehen, wären nach geltender Rechtslage von einer Gleichstellung mit Gebietsansässigen ausgeschlossen und damit schlechter gestellt.

Saß weist aber beispielsweise zutreffend darauf hin, dass mit der Absenkung der Grenze der Gleichstellung auf 75% ebenso wenig geholfen wäre, da dadurch das Problem nur verlagert würde, *wann* nämlich eine Gleichbehandlung von unbeschränkt und beschränkt Steuerpflichtigen erforderlich ist[70]. Gründe der Rechtssicherheit bedingen hier eine Lösung durch den nationalen Gesetzgeber, die

---

67 Vgl. §§ 1 III 1a EStG, BGBl. I 1995, 1250.

68 Empfehlung der Kommission 94/79/EG vom 21.12.1993, ABl. EG 1994 Nr. L 39/22.

69 Vgl. EuGH, Rs. C-279/93 („Schumacker"), Slg. 1995, I-225, 241, Nr. 76.

70 Vgl. *Saß*, DB 1996, S. 295, 297.

dieser im Rahmen seiner Einschätzungsprärogative auch hinreichend verbindlich treffen kann, ohne dass die erhöhte Gefahr einer gerichtlichen Verwerfung besteht. Aus der mit einer gesetzlichen Regelung verbundenen Rechtsklarheit folgt dann auch für den Steuerpflichtigen die notwenige Planungssicherheit, was ökonomische Effizienzverluste minimiert. Der nationale Gesetzgeber ist deshalb nicht gehalten, die 90%-Grenze für eine Gleichstellung von Gebietsansässigen und -fremden abzusenken.

d) Zwischenergebnis

Gegen die Arbeitnehmerfreizügigkeit gemäß Art. 39 I, II EG kann also sowohl durch die Versagung der Abziehbarkeit von Vorsorgeaufwendungen verstoßen werden, die an ausländische Einrichtungen geleistet werden, als auch durch Versagung von „Steuervergünstigungen“ für beschränkt Steuerpflichtige.

3. Rechtfertigungsgründe

Nicht jede Beeinträchtigung einer Grundfreiheit führt jedoch ohne weiteres zu deren Verletzung. Letztlich sind auch die Grundfreiheiten nicht schrankenlos gewährleistet, sondern können in ihrer uneingeschränkten Geltung durch einzelne Bestimmungen begrenzt werden.

a) Grundsätzliche Erwägungen

Zunächst steht die Arbeitnehmerfreizügigkeit gemäß Art. 39 III EG unter dem geschriebenen Vorbehalt der öffentlichen Ordnung, Sicherheit und Gesundheit, auf den noch zurückzukommen sein wird. Gleichfalls hat der Europäische Gerichtshof in seiner Rechtsprechung aber auch wiederholt „zwingende Gründe des Allgemeininteresses“ als sog. ungeschriebene Schranke diskutiert und damit

Beeinträchtigungen von Grundfreiheiten zu rechtfertigen versucht[71].

Den vorläufigen Höhepunkt erreichte diese Entscheidungspraxis in den Jahren 1994 und 1995 mit den Rechtssachen „Schindler" und „Gebhard", in denen der Europäische Gerichtshof seiner Rechtsprechung zwei wichtige Glieder in diesem Zusammenhang hinzufügte, indem er klarstellte, dass ungeschriebene rechtfertigende Regelungen nicht diskriminierend wirken dürfen und vor allem verhältnismäßig ausgeformt sein müssen[72]. Dies bedeutet nichts anderes, als dass Schranken der Grundfreiheiten ihrerseits wiederum einer „Schranken-Schranken-Prüfung" standhalten müssen. Nachdem der Europäische Gerichtshof demzufolge eine ungeschriebene rechtfertigende Regelung identifiziert hat, die auf zwingende Gründe des Allgemeininteresses zurückzuführen ist, prüft er, ob diese Regelung geeignet und erforderlich ist, um den Schutz der fraglichen Allgemeininteressen zu erreichen. Als solche hochrangigen und zwingenden Gründe des Allgemeinwohls werden Gesundheits- und Verbraucherschutz, Lauterkeit des Handelsverkehrs[73], haushalts-, wirtschafts- und sozialpolitische Gründe sowie insbesondere die Kohärenz der Steuerordnung[74], die noch von herausragendem Interesse sein wird, erörtert.

Unklar ist trotz dieser mittlerweile unstreitigen Anerkennung von ungeschriebenen Rechtfertigungsgründen zum einen das Verhältnis

---

71 So erstmals in der „van Binsbergen"-Entscheidung des EuGH, Rs. 33/74 („van Binsbergen"), Slg. 1974, 1299, 1309, Rn. 10 ff.; ferner im berühmten „Cassis-de-Dijon"-Urteil des EuGH, Rs. 120/78 („Cassis-de-Dijon"), Slg. 1979, 649, 662, Rn. 8, wo von „zwingenden Erfordernissen" die Rede ist.

72 Vgl. EuGH, Rs. C-55/94 („Gebhard"), Slg. 1995, I-4165, 4197, Rn. 37.

73 Vgl. EuGH, Rs. 120/78 („Cassis-de-Dijon"), Slg. 1979, 649, 662, Rn. 8.

74 Erstmals in EuGH, Rs. C-204/90 („Bachmann"), Slg. 1992, I-249, 282, Rn. 21.

zu den geschriebenen, zum anderen aber vor allem der Geltungsbereich von Regelungen zwingender Gründe des Allgemeininteresses: So prüft der Europäische Gerichtshof z.B. die ungeschriebenen Schranken im Rahmen der Warenverkehrsfreiheit regelmäßig vor den geschriebenen des Art. 30 EG[75]. Viel erschwerender ist aber eine kaum zu überschauende Uneinigkeit in der Literatur im Hinblick auf den angesprochenen Geltungsbereich der ungeschriebenen Schranken. Während einige Autoren aufgrund der „Gebhard"-Entscheidung, in der eine Beschränkung der Dienstleistungsfreiheit durch den Gerichtshof zu begutachten war, hochrangige Allgemeininteressen nur für nicht diskriminierende Maßnahmen, d.h. Beschränkungen, anerkennen[76], wollen andere mittelbare Diskriminierungen auch durch Gründe des Allgemeininteresses gerechtfertigt sehen[77].

Für die hier vorzunehmende Betrachtung einer Rechtfertigung auf dem Gebiet des Steuerrechts braucht diese Diskussion in der Wissenschaft und die Auslegung der EuGH-Urteile dennoch nicht weiterverfolgt zu werden: Seit der „Bachmann"-Entscheidung erkennt der Europäische Gerichtshof jedenfalls mit dem Kohärenz-Argument einen ungeschriebenen Rechtfertigungsgrund für *mittelbare Diskriminierungen* der Arbeitnehmerfreizügigkeit wie auch der Niederlassungs- und Dienstleistungsfreiheit an[78]. Mit der ICI-Entscheidung, in der die Frage der steuerlichen Abzugsfähigkeit von Verlusten ausländischer Tochtergesellschaften bei der Mutter in Rede stand, hat der Europäische Gerichtshof diese Rechtspre-

75 Vgl. EuGH, Rs. 120/78 („Cassis-de-Dijon"), Slg. 1979, 649, 662, Rn. 8.

76 So *Everling*, GS Knobbe-Keuk, S. 607, 619; *Jarass*, EuR 1995, S. 202, 223 ff.

77 Vgl. *Lackhoff/Raczinski*, EWS 1997, S. 109, 113; *Weiß*, EuZW 1999, S. 493, 497 f.

78 Vgl. EuGH, Rs. C-204/90 („Bachmann"), Slg. 1992, I-249, 282, Rn. 21 ff.

chung – zumindest inzident – ausgeweitet, als er zwingende Gründe des Allgemeininteresses, respektive die Kohärenz-Formel, auch zur Rechtfertigung von *Beschränkungen* steuerlicher Art in Erwägung zog[79].

Ohne Einschränkung können mithin sämtliche Gründe des Allgemeininteresses umfassend für Diskriminierungen *und* Beschränkungen bei steuerrechtlichen Fragestellungen geprüft werden. Überzeugenderweise müssten diese Gründe allerdings, auch wenn die Praxis des Gerichtshofs – wie bei der Warenverkehrsfreiheit gesehen – häufig eine andere ist, nach den geschriebenen Regelungen in Erwägung gezogen werden, weil nicht einsichtig ist, warum eine Kodifizierung gegenüber dem Richterrecht nachrangig behandelt werden soll.

b) Gründe der öffentlichen Ordnung und Sicherheit, Art. 39 III EG

Zur Rechtfertigung der oben festgestellten Diskriminierung wäre danach zunächst die Schranke des Art. 39 III EG zu beachten. Wie sich aus Abs. 3 lit. a-d ergibt, erstreckt sich der Anwendungsbereich dieses Vorbehalts allerdings nur auf die Rechte der Bewerbung auf eine Stelle, der Einreise, des Aufenthalts und des Verbleibs im Hoheitsgebiet eines Mitgliedstaats. Für die hier vorliegende Anknüpfung einer Ungleichbehandlung an das Merkmal der Entlohnung ist diese Schranke deshalb wenig ergiebig. Darüber

---

79 Vgl. EuGH, Rs. C-264/96 („ICI"), Slg. 1998, I-4695, 4723, Rn. 29. Etwas verwirrend ist dabei die Verwendung des Begriffs „Ungleichbehandlung" durch den Gerichtshof (Rn. 28 des Urteils). Materiell geht es richtigerweise um den Schutz einer inländischen Gesellschaft vor *Beschränkungen* ihrer Niederlassungsfreiheit durch steuerliche Benachteiligung ihrer Beteiligung an ausländischen Tochtergesellschaften durch den Herkunftsstaat. In diesem Sinne auch *Wernsmann*, EuR 1999, S. 755, 762; *Rainer*, IStR 1998, S. 471, 471.

hinaus sind auch die Gründe der öffentlichen Sicherheit und Ordnung, die hier allenfalls in Betracht zu ziehen wären, als Ausnahmen der Freizügigkeit gerade eng auszulegen[80]. Es bedarf deshalb auch eines Verhaltens des Unionsbürgers, das eine tatsächliche und hinreichend schwerwiegende Gefährdung der öffentlichen Ordnung herbeiführt[81]. Für das gesellschaftliche Gefüge muss daher eine erhebliche Bedrohung bestehen. Insgesamt scheidet eine Rechtfertigungsmöglichkeit über Art. 39 III EG für die gegenständliche Beeinträchtigung der Abzugsmöglichkeit von grenzüberschreitenden Vorsorgeaufwendungen somit offensichtlich aus.

c) (Steuerlicher) Vorteilsausgleich

In einem der ersten vom Europäischen Gerichtshof zu beurteilenden Fälle zum Bereich des direkten Steuerrechts aus dem Jahre 1986, der Rechtssache „avoir fiscal“[82], wurde von der französischen Regierung das Argument des Vorteilsausgleichs als Ausprägung eines zwingenden Grundes des Allgemeininteresses vorgebracht. Damit sollte der Ausschluss beschränkt steuerpflichtiger Versicherungsunternehmen von einer Körperschaftsteuergutschrift gerechtfertigt werden, die Gesellschaften mit Sitz in Frankreich zuteil wurde. Dadurch würden andere Vorteile der ausländischen gegenüber inländischen Gesellschaften durch mögliche Nachteile bei der Körperschaftsteueranrechnung kompensiert. Der Europäische Gerichtshof ließ dieses Vorbringen indes nicht durchgreifen[83].

Abgestellt wird vom Europäischen Gerichtshof in dieser Entscheidung und fortan in ständiger Rechtsprechung auf die Wirkung der im

---

80 Statt vieler *Brechmann*, in: Callies/Ruffert, Art. 39 Rn. 90.

81 Vgl. EuGH, Rs. C-348/96 („Calfa“), Slg. 1999, I-11, 30, Rn. 21; Rs. C-355/98 („Kommission/Belgien“) , Slg. 2000, I-1221, 1246, Rn. 28.

82 Vgl. EuGH, Rs. 270/83 („avoir fiscal“), Slg. 1986, 273 ff.

83 Vgl. EuGH, Rs. 270/83 („avoir fiscal“), Slg. 1986, 273, 305, Rn. 21.

konkreten Einzelfall zu begutachtenden Norm[84]. Ob es durch sonstige Vorschriften zu kompensierenden Effekten kommt, bleibt insoweit außer Acht. Lediglich wenn sich Nachteile und Vorteile *direkt* aus einer Regelung ergeben und zudem noch bei der *gleichen steuerpflichtigen Person* auftreten[85], will der Europäische Gerichtshof den Gedanken des Vorteilsausgleichs als Rechtfertigungsgrund für eine Beeinträchtigung zumindest in Erwägung ziehen. Obwohl der Gerichtshof in dieser Deutlichkeit bisher nicht ausdrücklich Stellung bezogen hat, weist seine Auseinandersetzung in der „Bachmann"-Entscheidung im Rahmen der Kohärenz-Betrachtung immerhin in diese Richtung[86]. Ausschließlich eine Einzelbetrachtung der konkret diskriminierend oder beschränkend wirkenden Regelung hat vor dem Hintergrund dieser Rechtsprechung zu erfolgen.

Aus der Natur der Grundfreiheiten und der Vereinheitlichung des Binnenmarktes folgt das Ziel der Beseitigung von Hemmnissen, die dem entgegenstehen. Daraus ergibt sich konsequenterweise die Notwendigkeit einer derart restriktiven Beurteilung einer Norm, zumal gerade jede Beeinträchtigung den Maßstäben des EG-Vertrages entgegensteht. Würde man zudem einen Vorteilsausgleich extensiver handhaben, führte dies im Ergebnis zu einem übermäßigen Schutz der Inländer, genauer: zur Verhinderung einer (möglichen) Inländerdiskriminierung, wenn EG-Ausländer durch andere Vorschriften besser gestellt wären. An dieser Stelle korrigierend einzugreifen ist der EG-Vertrag jedoch – wie gesehen – nicht berufen. Allein aus der Verweigerung des steuermindernden Abzugs

84 So besonders deutlich EuGH, Rs. 330/91 („Commerzbank"), Slg. 1993, I-4017, 4044, Rn. 18 f.

85 Im Gegensatz dazu steht die Rechtsprechung des BVerfG, das eher zu einer typisierenden und umfassenden Würdigung der zu beurteilenden Materie neigt und somit kompensierende Effekte innerhalb einer Personengruppe stärker berücksichtigt, vgl. BVerfGE 99, 280, 290; 105, 73, 127.

86 Vgl. EuGH, Rs. 204/90 („Bachmann"), Slg. 1992, I- 249, 282, Rn. 22 f.

von Vorsorgebeiträgen fließt dem Steuerpflichtigen aber typischerweise kein unmittelbarer Vorteil zu, sodass dieser ungeschriebene Rechtfertigungsgrund den Verstoß gegen die Arbeitnehmerfreizügigkeit nicht legitimieren kann.

d) Fehlende steuerrechtliche Harmonisierung

Wie in der Einleitung deutlich gemacht wurde, ist der Rechtsraum im Bereich der direkten Steuern weitgehend national geprägt und damit divergent. Dieser Umstand wurde deshalb auch versucht, sowohl in der Rechtssache „avoir fiscal“ als auch im Fall „Bachmann“ für Rechtfertigungszwecke fruchtbar zu machen. Es ist wenig überraschend, dass der Europäische Gerichtshof für dieses Vorbringen kein Verständnis entwickeln konnte: Relativ knapp wird dennoch nur auf die Geltung der Grundfreiheiten unabhängig von einem Harmonisierungsgrad verwiesen[87]. Zur Begründung könnte allerdings argumentativ darauf abgehoben werden, dass Mitgliedstaaten trotz fehlender Abstimmung der Steuersysteme den Abzug von Beiträgen an ausländische Einrichtungen durchaus steuermindernd anerkennen[88]. Wegen dieses (teilweise) widersprüchlichen Verhaltens der Mitgliedstaaten kann der fehlenden steuerrechtlichen Harmonisierung offensichtlich keine entscheidende Bedeutung in diesem Zusammenhang beigemessen werden.

Zwingender erscheint dagegen die Überlegung, dass der Grundfreiheitsstandard angesichts einer kaum vorhandenen Harmonisierung der direkten Steuern zum Schutz vor Diskriminierungen und Beschränkungen umso höher liegen muss, weil die Abstimmung der Steuerordnungen diesen ja gerade nicht hinreichend leisten kann. Eine fehlende Harmonisierung als Rechtfertigungsgrund gelten zu

87 Vgl. EuGH, Rs. 204/90 („Bachmann“), Slg. 1992, I- 249, 280, Rn. 11.

88 Vgl. EU-Kommission, ABl. EG 2001 Nr. C 165/8.

lassen, würde die Wirkung der Grundfreiheiten also ad absurdum führen. Auch hieraus lässt sich also keine Schranke für Art. 39 EG gewinnen. Nichts anderes kann aufgrund des engen Zusammenhangs zum Harmonisierungsgedanken auch für den in der Rechtssache „avoir fiscal" vorgebrachten Rechtfertigungsgrund der fehlender Gegenseitigkeit von begünstigen Regelungen gelten. Wenn ein Mitgliedstaat einen steuerlichen „Vorteil" gewährt und Angehörige eines anderen Staates deshalb davon ausschließen will, weil dieser Staat EG-Ausländern nicht einen äquivalenten Vorteil einräumt, so muss das Gemeinschaftsrecht wegen einer unzureichenden Harmonisierung hier *erst recht* Ungleichbehandlungen und Beschränkungen entgegenwirken.

e) Steuerliche Kontrolle ins Ausland geleisteter Beitragszahlungen

In der bereits mehrfach angesprochenen „Bachmann"-Entscheidung wurde als Rechtfertigungsgrund einer Beeinträchtigung jedoch nicht nur die Kohärenz der Steuerregelung vom Europäischen Gerichtshof entwickelt. Bevor die Entscheidung in dieses Stadium der Schrankenprüfung einmündete, hatte sich der Gerichtshof mit einem dem Gedanken der Kohärenz durchaus nahe stehenden Gesichtspunkt auseinanderzusetzen.

Die beteiligten Mitgliedstaaten hatten vorgebracht, dass die Abzugsfähigkeit der Versicherungsbeiträge deswegen versagt werden müsste, weil die Beitragszahlung im Ausland nicht überprüfbar sei[89]. Ebenso wurde im „Schumacker"-Fall argumentiert[90]. Dieser Argumentation steht der Gerichtshof offen gegenüber und sieht in der steuerlichen Kontrolle von Zahlungen ein durchaus berechtigtes

---

89 Vgl. EuGH, Rs. C-204/90 („Bachmann"), Slg. 1992, I-249, 281, Rn. 17.

90 Vgl. EuGH, Rs. C-279/94 („Schumacker"), Slg. 1995, I-225, 262, Rn. 43.

Anliegen[91]. Im gleichen Atemzug stellt er aber auf die Amtshilferichtlinie 77/799/EWG des Rates vom 19. Dezember 1977 ab, wonach ein Amtshilfeersuchen durch die Finanzbehörden möglich ist[92]. Sollten innerstaatliche Regelungen die Informationserlangung behindern und das Ersuchen faktisch leer laufen, kann von dem Steuerpflichtigen überdies jederzeit die persönliche Mitwirkung – z.B. durch Vorlage entsprechender Belege etc. – verlangt werden. Die Möglichkeit der Amtshilfe und/oder Mitwirkung des Steuerpflichtigen stellen insoweit mildere Mittel als die grundsätzliche Versagung der Abziehbarkeit der Beiträge dar.

Als Schlussfolgerung aus dieser Rechtsprechung ergibt sich aber zugleich, dass die Gewährung der Abzugsfähigkeit von einem tatsächlichen Nachweis der entsprechenden Voraussetzungen abhängig gemacht werden darf. Soweit ein solcher nicht gelingt, überwiegt das Allgemeininteresse an der Gleichbehandlung aller Steuerpflichtigen gegenüber der Grundfreiheit des Einzelnen, sodass diesem der Abzug zu verwehren ist. Eine Beeinträchtigung von Art. 39 I, II EG durch Verweigerung des steuerlichen Abzugs in den oben festgestellten Konstellationen verletzt also dann die Grundfreiheit nicht, wenn die steuerliche Überprüfung der Abzugsvoraussetzungen negativ ausfällt. Für diesen – und nur für diesen – Fall stellt die steuerliche Kontrolle eine zulässige Schranke der Arbeitnehmerfreizügigkeit dar.

f) Erhaltung des sozialen Sicherungssystems

Lässt man den Blick von diesen hauptsächlich steuerlich geprägten Schranken weiter schweifen, fallen ebenso sozial geprägte Rechtfertigungsgründe ins Auge. Zu den sozialpolitischen Aspekten zählt

91 Vgl. EuGH, Rs. C-204/90 („Bachmann"), Slg. 1992, I-249, 281, Rn. 18-20.

92 So auch EuGH, Rs. C-80/94 („Wielockx"), Slg. 1995, I-2493, 2517, Rn. 26.

letztlich im weitesten Sinne auch die Notwendigkeit, das (eigene) soziale Sicherungssystem zu erhalten. Wie eingangs bereits aufgezeigt wurde, stellt dies in Deutschland gegenwärtig das herausragende politische Thema und – neben einer grundlegenden „Neuschaffung" des Steuerrechts – die dringendste Reformfrage dar. Als zwingender Grund des Allgemeininteresses und somit als ungeschriebene Schranke der Grundfreiheiten wäre ein solcher Ansatz sicherlich unzweifelhaft anzusehen. Legt man allerdings die Grundsätze aus der „Gebhard"-Entscheidung für die Anforderungen an eine derartige Rechtfertigung zugrunde[93], so müsste zum Durchgreifen dieser Schranke eine *erhebliche* Gefährdung des finanziellen Gleichgewichts von mitgliedstaatlichen sozialen Sicherungssystemen vorliegen.

Obwohl die politische Sichtweise momentan von der Vorstellung eines „Rentenproblems" sowie von erheblichen Finanzierungsdefiziten des Gesundheitswesens beherrscht wird, handelt es sich dabei um eine Fehleinschätzung. Diese Behauptung mag verwunderlich anmuten, wird jedoch schnell verständlich, wenn man sich vergegenwärtigt, von wem gegenwärtig die Sozialversicherungssysteme finanziert werden und wer aus ihnen hauptsächlich Leistungen bezieht. Das Beitragsvolumen wird zum größten Teil von den geburtenstarken Jahrgängen der 1960er Jahre aufgebracht. Demgegenüber sind es die Jahrgänge 1920-1930, die vor allem Sozialversicherungsleistungen erhalten; diese Jahrgänge sind jedoch aufgrund des Zweiten Weltkrieges und zahlreicher Kriegsopfer bereits stark dezimiert. Eine sich verschärfende Problemlage dürfte demzufolge richtigerweise erst in ca. zehn bis 15 Jahren auftreten, wenn die Jahrgänge 1960-1970 Rente beziehen und von den Jahrgängen ab 1970 mit stetig fallenden Geburtenraten finanziert werden müssen. Wenn gleichwohl die Finanzierung des Sozialversicherungssystems

---

93 Vgl. EuGH, Rs. C-55/94 („Gebhard"), Slg. 1995, I-4165, 4197 f., Rn. 37 ff.

in der Gegenwart bereits Probleme bereitet, muss man geradezu verzweifelnd in die Zukunft ab ca. 2015 blicken!

Eine latent bedrohliche Situation der gesetzlichen Sozialversicherung in Deutschland ist vor diesem Hintergrund nicht von der Hand zu weisen. Dennoch darf diese Tatsache nicht herhalten, um damit eine ausschließlich Abziehbarkeit von Vorsorgesparen für Anlagen im Inland anzuerkennen. Zwar soll damit verständlicherweise sichergestellt werden, dass die Auszahlungen auch in dem betreffenden Staat versteuert und mit Sozialabgaben belastet werden, weil anzunehmen ist, dass der Arbeitnehmer in diesem Staat auch seinen Ruhestand verbringt. Die erhebliche Gefährdung des finanziellen Gleichgewichts müsste dabei aber sowohl innerstaatlich als auch unter Abwägung gemeinschaftsrechtlicher Belange hinreichend plausibel gemacht werden: Dabei würde schnell klar werden, dass es an der Verhältnismäßigkeit der Maßnahme fehlt, da mit einer Reform des Sozialsystems ein schonenderes Mittel im Hinblick auf die Gleichbehandlung der Unionsbürger existiert. Zudem ist es ökonomisch gesehen der sinnvollere Weg. Die Berufung auf den Erhalt eines mitgliedstaatlichen Systems darf deshalb allenfalls ultima ratio zur Rechtfertigung einer Diskriminierung sein – realiter ist sie allerdings undenkbar.

g) Sozialpolitisch-aufsichtsrechtliche Gründe

In tatsächlicher Konsequenz wird auch letztgenannter Ansatz faktisch als Rechtfertigung ausscheiden, sodass die bisher analysierten erwogenen Rechtfertigungsgründe allesamt keine materielle Schranke liefern konnten. Einzig die Zulässigkeit einer steuerlichen Überprüfung der Abzugsvoraussetzungen vermag die Abzugsfähigkeit von einer *verfahrensrechtlichen* Komponente abhängig zu machen[94].

94 Vgl. Kap. B. II. 3. e).

aa) Allgemeines

Gibt man sich mit diesem Befund aber nicht zufrieden und untersucht die Anerkennung der steuerlichen Kontrolle weiter, dann ist zunächst selbstverständlich, dass die Voraussetzungen hierfür von den Mitgliedstaaten festgelegt werden können. Dies muss dann aber weiterhin implizieren, dass die Abzugsfähigkeit der Altersvorsorge auch an bestimmte *Vorsorgeprodukte und -formen* gekoppelt werden kann. Da der nationale Gesetzgeber auf dem Gebiet der direkten Steuern weitestgehende Freiheiten besitzt, steht ihm im Rahmen der Beachtung der Grundfreiheiten ein solches Vorgehen prinzipiell offen. Die Fälle „Bachmann", „Schumacker" und „Wielockx" bringen dies in ihren Entscheidungsgründen nicht so klar zum Ausdruck. Der Blick darauf wird eher verstellt, weil der Eindruck erzeugt wird, dass ausschließlich die Beitragszahlung kontrolliert werden darf und muss. Die Ursache liegt wohl hauptsächlich in dem Vorbringen der beteiligten Regierungen, die nur diesen Aspekt im Wesentlichen ansprechen.

Diese enge Sichtweise greift aber zu kurz, bedingt ist sie freilich durch die zu beurteilenden Sachverhalte, die dem Gerichtshof keine Veranlassung zur Entscheidung über die Zulässigkeit der Überprüfung von Anlageproduktvoraussetzungen gaben. Allein der Beleg einer Zahlung in *irgendein* Altersvorsorgesystem kann aber dann nicht mehr ausreichen, wenn die Abzugsfähigkeit von erbrachten Beitragsleistungen in bestimmte Produkte abhängig gemacht wird. Es muss dann notwendig die Überprüfung auch der anlageproduktbezogenen Voraussetzungen durch die Finanzbehörden zulässig sein. Bleibt man bei den vorgenannten Urteile nicht am Wortlaut hängen, sondern greift ihre Grundaussage auf, dass steuerlich relevante Voraussetzungen – und zwar sämtliche, d.h. ggf. auch produktbezogene – bei der Steuerveranlagung aufgeklärt werden dürfen, dann ist diese Folgerung nur zwingender Ausfluss der Rechtsprechung des Gerichtshofs. Es stehen dann zur Überprüfung wiederum die Möglichkeiten des Amtshilfeersuchens, der persönlichen Mitwirkung etc. zur Verfügung.

Über die vom Europäischen Gerichtshof explizit diskutierte steuerliche Kontrolle hinaus wäre somit eine korrespondierende sozialaufsichtsrechtlich Kontrolle durch produktbezogene Begrenzungen der Abzugsfähigkeit als Anknüpfungspunkt für eine Schranke gegeben. Bezogen auf Deutschland ist diese Frage besonders handgreiflich, und zwar sowohl für die zertifizierten „Riester-Produkte", die nachgelagert besteuert werden[95], als auch für die seit dem Gutachten der *Sachverständigenkommission* diskutierte „Umqualifizierung" der kapitalbildenden Lebensversicherung zu einem reinen Kapitalanlageprodukt[96], das nicht mehr der Altersvorsorge zugeordnet werden soll und damit vollständig vorgelagert zu besteuern wäre. Eine derartige Vorgabe bestimmter Vorsorgeprodukte mag verschiedenen wirtschaftlichen, selten steuersystematischen, aber häufig sozialpolitischen Motivationen entspringen. Bei einem fehlenden methodischen Unterbau besteht jedoch stets die Gefahr, dass rechtliche Friktionen auftreten können.

bb) Abschluss von „Neuverträgen"

Soweit der nationale Gesetzgeber die Abzugsfähigkeit von Vorsorgeaufwendungen grundsätzlich nur für bestimmte Formen der Vorsorge gewährt und dies auch für alle Steuerpflichtigen gilt, liegt zunächst keine unmittelbare Ungleichbehandlung im Sinne des Gemeinschaftsrechts vor. Wenn sich Arbeitnehmer aber dafür entscheiden sollten, diese Anlageformen bei ausländischen Anbietern und Versorgungseinrichtungen zu nutzen, folgt aus den bisherigen Feststellungen, dass die Versagung der Abzugsfähigkeit der Bei-

---

95 Vgl. § 10a i.V.m. § 82 EStG.

96 Vgl. Sachverständigenkommission, S. 18 ff.

tragszahlung in ein ausländisches Produkt eine Beeinträchtigung der Arbeitnehmerfreizügigkeit darstellt, die nur dann gerechtfertigt ist, wenn die Erfüllung der inländischen Abzugsvoraussetzungen – z.B. Beitragshöhe, Bezugsmodalitäten, Begünstigung etc. – nicht nachgewiesen wird. Um Versorgungseinrichtungen mit Sitz im Ausland den Zugang zum inländischen Markt nicht unverhältnismäßig zu erschweren, müssen deshalb einerseits die zwingenden Gründe des Allgemeinwohls hinreichend transparent werden, während andererseits das Angebot der Produkte vor dem Hintergrund der Dienstleistungsfreiheit[97] nicht übermäßig behindert werden darf.

cc) Fortführung von systemfremden „Altverträgen“

Problematischer gestaltet sich dagegen die Behandlung von Verträgen, die Wanderarbeitnehmer vor ihrem Wechsel in ein anderes Mitgliedsland bereits abgeschlossen haben und welche die Voraussetzungen der steuerlichen Anerkennung im Tätigkeitsland nicht erfüllen. Aus dieser Inkompatibilität würde folgen, dass der steuermindernde Abzug versagt werden müsste. Dies würde weiterhin eine Behinderung der Mobilität der Arbeitnehmer innerhalb von Europa bedeuten, weil – wie gezeigt – eine Rückwirkung der steuerlichen Erwägungen auf die Arbeitsplatzwahl nicht auszuschließen ist. Viel gewichtiger wirkt indes die Tatsache, dass der Zugezogene faktisch sogar gezwungen wird, im Tätigkeitsland einen neuen Vorsorgevertrag abzuschließen. Die Nichtanerkennung des Abzugs von Vorsorgeaufwendungen aufgrund der Angehörigkeit zu einem anderen System beeinträchtigt evident die Arbeitnehmerfreizügigkeit und wäre damit grundsätzlich zu untersagen.

Während beim Abschluss von Neuverträgen noch mit aufsichtsrechtlichen Überlegungen, abgeleitet aus dem „Bachmann“-Urteil,

97 Dazu ausführlich unten Kap. B. IV.

operiert werden konnte, gelingt dies in der vorliegenden Konstellation nicht: Der Unterschied liegt darin, dass bei „Altverträgen" zum einen der Vertrauensschutz hinzukommt, sodass per se eine Auflösung dieser Verträge kaum verlangt werden kann. Zum anderen wirkt Art. 39 I, II EG hier auch gerade zum Schutz dieser Altverträge als Teil der gesamten arbeitsrechtlichen Bedingungen des Arbeitnehmers, somit auch für bereits in der Vergangenheit geschaffene Rechtspositionen. Demgegenüber kann sich in der Situation des Abschlusses von „Neuverträgen" der Schutz von Art. 39 I, II EG erst für die Gegenwart und Zukunft entwickeln. Aufgrund der notwendigen Anerkennung von Vorsorgeverträgen der Zugezogenen in einem System reglementierter, abzugsfähiger Vorsorgeprodukte führt dies zwar zu einer Diskriminierung der Inländer, denen diese Möglichkeit nicht offen steht, doch ist dies aus der Perspektive des Gemeinschaftsrechts – wie mehrfach erwähnt – hinzunehmen und auf nationaler Ebene zu bewältigen.

Noch brisanter ist ein sich daran unmittelbar anschließendes Folgeproblem, das von der EU-Kommission in ihrer Mitteilung vom 19. April 2001 auf die Frage zugespitzt ist, *in welcher Höhe* dann aber den Wanderarbeitnehmern der steuerliche Abzug zu gewähren ist[98].

Aus dem Grundsatz der Gleichbehandlung müsste auf der einen Seite an sich folgen, dass sich die Höhe des Abzugsbetrages nach den inländischen Vorschriften richten muss. Die EU-Kommission ist dennoch gegenteiliger Ansicht und stellt mit Verweis auf die „Bachmann"-Rechtsprechung fest, dass steuerliche Beschränkungen nicht durch aufsichtsrechtliche Erfordernisse gerechtfertigt werden könnten[99]. Es fehle an der Verhältnismäßigkeit einer solchen Maßnahme. Demnach könnten zugezogene Arbeitnehmer die gezahlten Beiträge im Rahmen ihrer bestehenden Verträge mit

98 Vgl. EU-Kommission, ABl. EG 2001 Nr. C 165/8 f.

99 Vgl. EU-Kommission, ABl. EG 2001 Nr. C 165/8.

ausländischen Versorgungseinrichtungen nicht nur trotz Nichterfüllung der inländischen Abzugsvoraussetzungen grundsätzlich steuermindernd geltend machen, sondern darüber hinaus sogar in beliebiger Höhe[100]. Wenn man die Ansicht uneingeschränkt teilt, dass die Inländerdiskriminierung vom Gemeinschaftsrecht nicht zu lösen ist, ist die Auffassung der Kommission folgerichtig.

Erhebliches Unbehagen entsteht allerdings, weil bei genauerem Hinsehen dem EG-Arbeitnehmer nicht nur eine Begünstigung durch das Zugeständnis der Abzugsfähigkeit zuteil wird, obwohl seine Vorsorge die inländischen Voraussetzungen nicht erfüllt, sondern ihm zusätzlich sogar noch ein weiterer Vorteil gegenüber den Inländern durch eine fehlende höhenmäßige Abzugsbegrenzung eingeräumt wird. Die Frage, ob nicht bei einer „Übervorteilung" die Grenzen der Grundfreiheiten überschritten sind, drängt sich hier sicherlich auf. Schließlich wäre eine solche Gestaltung aus rechtlicher Sicht des Gemeinsamen Marktes, aber noch mehr angesichts wirtschaftlicher Allokationsverzerrungen bedenklich.

Lässt man die Lösung dieser Frage zunächst noch einen Moment offen, werden an dieser Stelle die Auswirkungen einer unzureichenden Harmonisierung des Steuerrechts geradezu exemplarisch sichtbar. Und es rückt die unabdingbare Notwendigkeit einer europaweiten Abstimmung deutlicher als bisher in den Vordergrund. Die Kommission schlägt daher die Schaffung von Notifizierungs-, Abstimmungs- und Kooperationssystemen zwischen den Mitgliedstaaten bis hin zur Installation einer einheitlichen europäischen Versorgungseinrichtung vor[101]. Als weiterer bzw. zunächst grundlegender Rechtsangleichungsschritt bietet sich die Einführung einer

100 Richtigerweise muss die maximale Abzugshöhe im Herkunftsland hier aber die Obergrenze sein.

101 Vgl. EU-Kommission, ABl. EG 2001 Nr. C 165/8, 10 f.; ferner dazu Kap. B. VI. 2.

europaweiten, höhenmäßig unbegrenzten nachgelagerten Rentenbesteuerung an. Um die Vereinheitlichung Europas insgesamt weiter voranzutreiben, schimmert vor diesem Hintergrund freilich auch eine weitere Facette – neben der Binnenmarktsidee – für die restriktive Haltung von Kommission und Gerichtshof in der Frage der Inländerdiskriminierung durch: Die Mitgliedstaaten sollen angehalten werden, selbstständig Konzepte zur Lösung der Probleme zu entwickeln und nicht allein auf die Gemeinschaft zu vertrauen. Solange in dieser Richtung keine Initiative entwickelt wird, kommen die Mitgliedstaaten an Rechtsprechung und Kommission jedoch nicht vorbei und müssen sich einen in der Höhe nicht begrenzten Abzug von systemfremden Vorsorgeaufwendungen gefallen lassen. Folglich müssen sog. „Altverträge" von zugezogenen EG-Arbeitnehmern vollumfänglich, zumindest aber in der maximalen Abzugshöhe des Herkunftslandes, steuerlich anerkannt werden.

h) Kohärenz des nationalen Steuersystems

Trotz dieser Ansätze einer in Einzelkonstellationen möglichen Rechtfertigung von grundfreiheitlichen Beeinträchtigungen liefert die vorstehende Analyse keinen allgemein durchgreifenden Rechtfertigungsgrund, der Ausprägung zwingender Gründe des Allgemeininteresses ist. Vom Europäischen Gerichtshof wurde bisher indes auch nur eine einzige Argumentation in dieser Hinsicht für grundsätzlich beachtlich anerkannt: die der „Kohärenz der Steuerregelung" – einer der schillerndsten Begriffe des Gemeinschaftsrechts, der sich auf einer Augenhöhe mit der „Keck"-, „Dassonville"- und oder auch „Cassis de Dijon"-Formel befindet. Aber was verbirgt sich dahinter? Was ist die Kernaussage der „Kohärenz der Steuerregelung"? Handelt es sich wirklich um einen tatsächlichen, beachtenswerten und anerkannten Rechtfertigungsgrund? Fragen, die eine genauere Betrachtung erfordern.

aa) Inhalt und Reichweite

Übersetzt man „Kohärenz", so bedeutet der Begriff wörtlich „Zusammenhang"[102]. Für sich genommen ist dieser Begriff damit inhaltlich grundsätzlich wenig aussagekräftig, wie *Cordewener* richtig feststellt[103]. Was im Grunde mit „Kohärenz" gemeint ist, welcher Aussagegehalt darin verborgen liegt, wird aus dem Terminus selbst kaum deutlich.

Notwendig und hilfreich zur Klärung des Bedeutungsinhalts ist wiederum die richtige Einordnung in den Gesamtzusammenhang. Auszugehen ist dafür zunächst von der Steuerhoheit der Mitgliedstaaten, die sie zwar unter Wahrung der Vorgaben des Gemeinschaftsrechts, aber nicht unter Aufgabe ihrer Souveränität ausüben dürfen. Ihr Bemühen wird deshalb regelmäßig darauf ausgerichtet sein, bei Gewährung steuerlicher Abzugsmöglichkeiten einen fiskalischen Ausfall durch einen späteren steuerlichen Zugriff an anderer Stelle zu kompensieren. Ein derartiger steuerlicher „Aufschub" soll und darf jedoch keineswegs zu einem kompletten Steuererlass führen. Zwischen steuerlichen Vorteilen und Belastungen muss demgemäß ein Zusammenhang bestehen. Aus dem Schlussantrag des Generalanwalts *Mischo* in der Rechtssache „Bachmann" wird diese Argumentation deutlich, die letztlich konkret darin einmündet, dass es den Mitgliedstaaten vor diesem Hintergrund auch freistehen müsse, die Abzugsfähigkeit der Beiträge von der späteren Besteuerungsmöglichkeit der Rentenzahlungen abhängig zu machen[104].

102 Vgl. *Schäfer*, EuZW 2001, S. 641, 641 m.w.N. für den Gebrauch im Gemeinschaftsrecht.

103 Vgl. *Cordenwener*, S. 446.

104 Vgl. EuGH, Rs. C-204/90 („Bachmann"), Slg. 1992, I-249, 271, Nr. 22 ff.

Auf der Grundlage dieses Ansatzes lässt sich der Gedankengang auf grenzüberschreitende Sachverhalte leicht weiterentwickeln: Soweit ein Mitgliedstaat danach den Abzug für Altersvorsorgeaufwendungen generell, d.h. unabhängig von der Zahlung der Beiträge an einen in- oder ausländischen Anbieter, zulässt, muss ihm umgekehrt auch die Besteuerung der von ausländischen Versorgungseinrichtungen geleisteten Zahlungen möglich sein[105]. Dann und nur dann sei eine Steuerregelung „kohärent“. Weitergedacht folgt daraus aber unmittelbar, dass für den Fall, dass ein hinreichend sicherer und praktikabler Steuerzugriff auf die im Ausland erbrachten Auszahlungen nicht möglich ist, die steuerliche Abzugsfähigkeit von Vorsorgebeiträgen auch versagt werden kann. Dies wäre dann ebenfalls Ausfluss einer kohärent gestalteten Regelung. Im Fall „Bachmann“ wurde bei Gebietsfremden davon ausgegangen, dass sie nach Ende ihrer Beschäftigung in ihren Heimatstaat zurückkehren und damit die Besteuerung der Rentenzahlungen durch den Tätigkeitsstaat nicht gewährleistet sei[106]. Korrespondierend war demzufolge auch die Versagung des steuermindernden Abzugs von Vorsorgebeiträgen aufgrund der „Kohärenz“ gerechtfertigt[107].

Damit ist klar, was dieser Terminus wirklich widerspiegelt: Es geht offensichtlich nicht primär um den Ausschluss von EG-Ausländern von steuerlichen Begünstigungen; diese werden ihnen durchaus zugebilligt, aber nur, wenn sie ebenso wie die Inländer die damit *zusammenhängenden* Nachteile zu tragen haben. Entscheidend ist vielmehr also, dass auf diese Weise eine Gleichbehandlung von Steuerinländern und Steuerausländern hergestellt werden soll[108].

---

105 Vgl. EuGH, Rs. C-300/90 („Kommission/Belgien“), Slg. 1992, I-305, 319, Rn. 16.

106 Vgl. EuGH, Rs. C-204/90 („Bachmann“), Slg. 1992, I-249, 280, Rn. 11.

107 Vgl. EuGH, Rs. C-204/90 („Bachmann“), Slg. 1992, I-249, 280, Rn. 11.

108 Vgl. *Sedemund*, IStR 2001, S. 190, 192.

Indem dieses Ziel verfolgt wird, wird zugleich aber auch eine effektive und tatsächliche Besteuerung sichergestellt. Und ein steuerliches Gleichgewicht wird – wie die die Ausführungen des Generalanwalts *Mischo* in der Rechtssache „Bachmann“ und die sich darauf beziehenden Ausführungen des Europäischen Gerichtshofs zeigen – als beachtenswerter Grund des Allgemeininteresses gewertet[109].

In diesen Zusammenhang gehört somit auch der „Kohärenz“-Gedanke – als ungeschriebene Schranke von Grundfreiheiten. Durch diesen Ansatz kann letztlich (erst) eine von jedem effektiven Steuersystem zwingend zu verfolgende *Lastengleichheit* im Sinne von Belastungsgleichheit aller Steuerpflichtigen erreicht werden. Auch wenn man hiergegen vorbringen wollte, dass dadurch steuerliche Mehrfachbelastungen – z.B. bei fehlendem Vorsorgeabzug *und* Besteuerung der Auszahlungen in einem anderen Mitgliedstaat – nicht ausgeschlossen werden, steht dies der Geltung des „Kohärenz“-Gedankens nicht entgegen, da eine solche steuerliche Belastung regelmäßig auf die persönliche Entscheidung des Steuerpflichtigen und seinen *zulässigen Gebrauch* der Grundfreiheiten bei Umzug während des Rentenbezuges zurückzuführen ist.

Die steuerliche Systemgerechtigkeit ist hier zwar naturgemäß um eine grenzüberschreitende Komponente erweitert, indem ein möglicher Besteuerungszugriff in einem anderen Mitgliedstaat einbezogen wird, sie dient jedoch nur einem nationalen Steuergleichgewicht. Verhindert werden soll durch die Schranke der Kohärenz gerade nur ein Missbrauch der Grundfreiheiten zu Lasten des Tätigkeitsstaats, um die Belastungsgleichheit aller dort Steuerpflichtigen zu gewährleisten. Zulässige Abwehr wirtschaftlicher Beeinträchtigungen und missbräuchliche Ausnutzung grundfreiheitlicher Posi-

109 Zustimmend *Cordewener*, S. 447 und 459; ebenso *Voß*, StuW 1993, S. 155, 167.

tionen zu Lasten anderer sind deshalb mit Hilfe von „Kohärenz"-Überlegungen auszutarieren. Störungen des Zusammenspiels von steuermindernden und steuererhöhenden Vorschriften zu verhindern, falls sich einzelne Steuerpflichtige nur den begünstigenden Regelungen unterwerfen und die belastenden umgehen, ist die Aufgabe und der Wesengehalt der „Kohärenz"[110].

(1) Unmittelbarer Zusammenhang zwischen Vorteilen und Belastungen

Voraussetzung einer kohärenten Regelung ist aber damit – wie oben auch bereits kurz angedeutet –, dass zwischen positiven und negativen Steuereffekten ein „Zusammenhang" besteht. In der „Bachmann"-Entscheidung hat der Gerichtshof diese Beziehung nicht näher bestimmt[111]. Den Fall „Svensson & Gustavsson" nahm er wenig später zum Anlass, in diesem Punkt konkreter zu werden: In Rede stand die Frage, ob eine Zinsvergütung davon abhängig gemacht werden durfte, dass das Investitionsdarlehen in dem jeweiligen Mitgliedstaat aufgenommen wurde[112]. Während Luxemburg die Regelung mit dem Verweis auf die „Kohärenz" seines Steuersystems zu rechtfertigen versuchte und dabei vor allem darauf abstellte, dass der steuerlichen Begünstigung die Erfassung späterer Gewinne aus der Investition gegenüberstehen, hat der Europäische Gerichtshof diese Argumentation nicht mitgetragen. Seiner Ansicht nach fehle es an einem *unmittelbaren Zusammenhang* zwischen Einnahmen- und Ausgabenseite der mitgliedstaatlichen Regelung[113]. Eben-

---

110 Vgl. *Cordewener*, S. 461.

111 Vgl. EuGH, Rs. C- 204/90 („Bachmann"), Slg. 1992, I-249, 282, Rn. 21.

112 Vgl. EuGH, Rs. C-484/93 („Svensson & Gustavsson"), IStR 1996, S. 46 ff.; siehe dazu auch *Thömmes*, GS Knobbe-Keuk, S. 795, 831.

113 Vgl. EuGH, Rs. C-484/93 („Svensson & Gustavsson"), IStR 1996, S. 46, 47, Rn. 15.

falls auf die Unmittelbarkeit bezog sich der Gerichtshof in der Rechtssache „Asscher“[114].

Aus dieser Rechtsprechung wird ein sehr enges Verständnis der Wechselbeziehung zwischen begünstigenden und benachteiligenden Regelungen deutlich. Erforderlich erscheint folglich, dass die Verbindung beider Komponenten augenscheinlich hervortreten muss, sodass Begünstigung und Belastung bei demselben Steuerpflichtigen in demselben Staat eintreten müssen.

Zuweilen wird dem Gerichtshof zwar auch eine etwas großzügigere Handhabung des Unmittelbarkeitskriteriums unterstellt, was wohl hauptsächlich auf die „Wielockx“-Entscheidung zurückzuführen ist, als von der Notwendigkeit des Eintritts der kompensierenden Effekte bei derselben Person und in demselben Staat teilweise abgerückt wurde[115]. Ausreichen könnte so möglicherweise schon ein gelockerter, wirtschaftlicher Zusammenhang zwischen Abziehbarkeit von Beiträgen und Besteuerung, beispielsweise durch Bezugnahmen, schlichte Verweise der Regelungen oder vor allem durch die reine Haushaltswirksamkeit der steuerlichen Effekte[116], ohne dass sie in einem direkten Zusammenhang stehen.

Diese Ansicht entspringt aber einer Fehlinterpretation des „Wielockx“-Urteils: Den Ausführungen des Europäischen Gerichtshofs ist eine derartige Position nicht explizit zu entnehmen. Richtig ist vielmehr, dass seine Feststellungen die Relevanz und den Einfluss von Doppelbesteuerungsabkommen in diesem Punkt betreffen, nicht aber das Unmittelbarkeitserfordernis aufzuweichen suchen. Es wäre systematisch verfehlt, den Bezugspunkt der Argumentation

---

114 Vgl. EuGH, Rs. C-107/94 („Asscher“), Slg. 1996, I-3089, 3129, Rn. 59.

115 Vgl. EuGH, Rs. C-80/94 („Wielockx“), Slg. 1995, I-2493, 2516, Rn. 23 f.

116 Vgl. *Wernsmann*, EuR 1999, S. 754, 774, der den Gedanken aufgreift, aber i.E. auch verwirft.

in der „Wielockx“-Entscheidung zu verschieben. Die Position, dass der Gerichtshof die unmittelbare Wechselwirkung zwischen Vorteilen und Nachteilen steuerlicher Regelungen als wesentliche Ausprägung einer kohärenten Gestaltung keineswegs aufweichen wollte, wird zudem durch die spätere „ICI“-Entscheidung verfestigt, als bestätigt wurde, dass ein bloß wirtschaftliches Zusammenwirken von kompensierenden Effekten eine Diskriminierung nicht zu rechtfertigen vermag[117]. Steuerliche Vor- und Nachteile, vorliegend Abzugsfähigkeit der Beiträge und Rentenbesteuerung, müssen also in einer direkten Wechselbeziehung stehen, quasi „konditional“ von aneinander abhängig sein, damit die „Kohärenz“ der Steuerregelungen insoweit hergestellt ist. Dafür sind typischerweise explizite Festschreibungen erforderlich, nicht bloße Bezugnahmen und Verweisungen[118]. Um sich überhaupt auf die „Kohärenz“ seines Steuerrechts berufen zu können, muss der nationale Gesetzgeber deshalb zwingend diese enge Verknüpfung gegenläufiger Regelungen verdeutlichen, wenn er die Abzugsfähigkeit von Vorsorgeaufwendungen im Rahmen der Grundfreiheiten zulässigerweise einschränken will.

(2) Tatsächliche Gesamtbetrachtung des gesamten Steuerrechts

Regelmäßig werden positive und negative steuerliche Wirkungen aber nicht durch ein- und dieselbe Norm ausgelöst, sondern sind typischerweise in verschiedenen Vorschriften wiederzufinden. Aus der Wortwahl der letzten Formulierungen lässt sich dies bereits erahnen. Gleichwohl wurde in den vorstehenden Betrachtungen dieser Aspekt bisher geflissentlich nicht weiter thematisiert. Auf der Basis einer ausgeformten Unmittelbarkeitsbeziehung drängt sich diese Problematik nunmehr zwingend auf. Im Raum steht daher die Frage, ob sich

---

117 Vgl. EuGH, Rs. C-264/96 („ICI“), Slg. 1998, I-4695, 4723, Rn. 28.

118 Vgl. *Cordewener*, S. 521.

die Unmittelbarkeitsbeziehung aus der gegenständlichen Norm selbst ergeben muss oder ob es insoweit auch ausreicht, dass sie aus dem Zusammenwirken mit anderen Vorschriften resultiert.

In diesem Zusammenhang ist zunächst darauf zu verweisen, dass die generelle Linie des Gerichtshofs dahingehend zu kennzeichnen ist, dass ausschließlich die beanstandete Norm überprüft wird und jegliche anderen Regelungen außerhalb der Betrachtung bleiben. Hält man eine derartig isolierte Normbetrachtung konsequent durch, dann ist jeder Versuch, eine Einschränkung des steuermindernden Abzugs von Vorsorgebeiträgen mit „Kohärenz"-Überlegungen zu rechtfertigen, a priori zum Scheitern verurteilt, weil es dann auf die Frage, ob die Zuflüsse von dem jeweiligen Mitgliedstaat aufgrund einer anderen (steuerlichen) Regelung besteuert werden können, nicht mehr ankommt. Offensichtlich schien seine bisherige Rechtsprechung den Gerichtshof in der Rechtssache „Bachmann" keineswegs davon abzuhalten, die Wirkung anderer Normen dennoch zu berücksichtigen. Es entstehen noch nicht einmal Zweifel im Hinblick auf die Konsistenz seiner Rechtsprechungspraxis! Ausdrücklich findet man allerdings weder in der „Bachmann"-Entscheidung noch in späteren Urteilen eine Abkehr von der grundsätzlichen Einzelbetrachtung der vorgelegten Norm. Obwohl formal an einer Einzelbetrachtung festgehalten wird, nimmt der Europäische Gerichtshof – wie auch das Bundesverfassungsgericht – tatsächlich jedoch, selbst wenn jener sich nicht dazu bekennt, eine normübergreifende Gesamtbetrachtung des gesamten Regelungskomplexes vor. Ein Teilausschnitt darf demgemäß durchaus diskriminierend sein, wenn diese Beeinträchtigung an anderer Stelle wieder ausgeglichen wird[119].

Im Ergebnis ist dem Europäischen Gerichtshof nicht nur zuzustimmen, es handelt sich hierbei um eine dem „Kohärenz"-Gedanken

---

119 Vgl. *Sedemund*, IStR 2001, S. 190, 192.

innewohnende Ableitung: Wenn nämlich die steuerliche Gleichbehandlung aller Steuerpflichtigen bewirkt werden soll und wenn dadurch national betrachtet ein steuerliches Gleichgewicht im Zeitablauf das intendierte Ziel ist, dann kann eine isolierte Normbetrachtung mit diesem Sinn und Zweck nicht vereinbar sein. Innerhalb eines jeden Steuersystems sind Mindereinnahmen angelegt, die an anderer Stelle durch Mehreinnahmen ausgeglichen werden müssen. Die Betrachtung ausschließlich einer einzelnen Vorschrift, die den Abzug von Rentenbeiträgen beeinträchtigt, würde den „Kohärenz"-Gedanken schon im Keim ersticken. Ausgehend von der Kernaussage und dem systematischen Ursprung der „Kohärenz"-Idee ist richtigerweise eine normübergreifende Zusammenschau des gesamten Steuerrechts angezeigt.

Somit ist festzuhalten, dass ein unmittelbarer Zusammenhang von positiven und negativen Steuereffekten nicht einer Norm entspringen muss, als vielmehr auch durch eine umfassende Einbeziehung anderer Regelungen hergestellt werden kann.

(3) Ausschluss der Unmittelbarkeit durch Doppelbesteuerungsabkommen

Seinen restriktiven Umgang mit dem Merkmal des „unmittelbaren Zusammenhangs" hat der Europäische Gerichtshof damit der Wirklichkeit angepasst, die Idee der „Kohärenz" berücksichtigt und zugleich systematische Friktionen vermieden.

Der Geltungsbereich des Grundsatzes der steuerlichen Kohärenz verlangt gleichwohl noch eine weitere Klarstellung – nämlich eine Bestimmung seiner definitiven Grenzen. Da es vom Gemeinschaftsrecht und der Rechtsprechung des Europäischen Gerichtshofs keine Vorgaben hinsichtlich positiver und negativer steuerlicher Effekte gibt, kann die Reichweite dabei letztlich wiederum nur vom Unmittelbarkeitskriterium abhängen. Fraglich ist folglich, *wo* dessen Grenzen verlaufen und wann der Unmittelbarkeitszusammenhang im Zweifel durchbrochen ist. Der Europäische Gerichtshof hat die Reichweite des Rechtfertigungsgrundes der „Kohärenz" in der „Wielockx"-Entscheidung insoweit klar abgesteckt:

Danach konnte eine niederländische Bestimmung, die einem gebietsfremden Selbstständigen, in dem Falle dem belgischen Staatsangehörigen Herrn Wielockx, im Gegensatz zum Gebietsansässigen die Abzugsfähigkeit einer Alterrücklage versagte, nicht mit „Kohärenz"-Gesichtspunkten entsprechend der Argumentation in der Rechtssache „Bachmann" gerechtfertigt werden. Ursächlich dafür war der Umstand, dass aufgrund eines Doppelbesteuerungsabkommens den Niederlanden gegenüber Belgien ohnehin das Besteuerungsrecht für sämtliche Rentenzahlungen – unabhängig davon, in welchem Staat die Rentenbeiträge entrichtet wurden – zugewiesen wurde. Umgekehrt haben die Niederlande aber zugleich darauf verzichtet, Rentenzahlungen in anderen Mitgliedstaaten ihrer Besteuerung zu unterwerfen, die auf Beitragszahlungen beruhen, die in den Niederlanden entrichtet und dort steuerlich abzugsfähig gestellt wurden.

Die Bedeutung dieser Ausgangslage wirkt relativ unscheinbar, als es sich streng genommen nur um eine klassische Umsetzung des OECD-Musterabkommens in einem Doppelbesteuerungsabkommen handelt. Doch steckt darin für die „Kohärenz" eine elementare Bedeutung, wie der Europäische Gerichtshof in seiner fast schon berühmten Wendung ausdrücklich betont[120]:

> „Die steuerliche Kohärenz wird also nicht auf der Ebene der Einzelpersonen, durch eine strenge Wechselbeziehung zwischen der Abzugsfähigkeit von Beiträgen und der Besteuerung von Renten, hergestellt, sondern sie wird auf eine andere Ebene, nämlich die der Gegenseitigkeit der in den Vertragsstaaten anwendbaren Vorschriften verlagert."

120 Vgl. EuGH, Rs. C-80/94 („Wielockx"), Slg. 1995, I-2493, 2516, Rn. 24.

Bettet man diese Aussage in die obige Dogmatik der „Kohärenz“-Betrachtung ein, folgt aus dem Abschluss des Doppelbesteuerungsabkommens und der eindeutigen Zuweisung des Besteuerungsrechts, dass die Mitgliedstaaten zwischen der Abzugsfähigkeit der Rentenbeiträge und der späteren Besteuerung eben keinen systemimmanenten Funktionszusammenhang in ihrem nationalen Steuerrecht sehen.

Anders gewendet: Bei Vorliegen eines derartigen Doppelbesteuerungsabkommens wird eine strenge Wechselbeziehung im Sinne des gekennzeichneten Unmittelbarkeitszusammenhangs bewusst negiert. Dies bedeutet nichts anderes, als dass der Funktionszusammenhang zwischen der Abzugsfähigkeit der Beiträge und der Besteuerung der geleisteten Renten bei Vorliegen eines Doppelbesteuerungsabkommens aufgehoben ist[121]. Weil die Mitgliedstaaten damit gerade auf eine Besteuerung der Rentenzahlungen freiwillig verzichten, kann folglich eine kohärente steuerliche Gestaltung von Abzugsfähigkeit der Beiträge und Besteuerung der Auszahlungen, bezogen auf die einzelnen Steuerpflichtigen, nicht mehr vorliegen. Folgerichtig ist daran anknüpfend die weitere Vorgehensweise des Gerichtshofs, dass er daraus schließt, dass aber immerhin die steuerliche „Kohärenz“ auf Grundlage eines mit einem anderen Mitgliedstaat geschlossenen bilateralen Abkommens hergestellt wird[122]. Die „Kohärenz“ als Rechtfertigungsgrund geht somit nicht unter; inhaltlich wird sie lediglich modifiziert von einer „internen“ bzw. „Mikro-Kohärenz“ zwischen den Steuerpflichtigen hin zur „Kohärenz“ auf zwischenstaatlicher Ebene, der sog. „Makro-Kohärenz“[123].

---

121 Vgl. EuGH, Rs. C-136/00 („Danner“), IStR 2002, 736, 738 f., Rn. 37 ff.

122 Vgl. EuGH, Rs. C-80/94 („Wielockx“), Slg. 1995, I-2493, 2516, Rn. 25.

123 Vgl. *Cordewener*, S. 523 m.w.N. Terminologisch handelt es sich dabei um eine Begrifflichkeit, die dem EuGH und der herrschenden Ansicht in der Literatur weitgehend fremd ist. Bei der künftigen Verwendung des Begriffs der „Kohärenz“ wird sie deshalb auch im Sinne von „Mikro-Kohärenz“ verstanden.

Zur Rechtfertigung von *individuellen* Beeinträchtigungen der Grundfreiheiten kann diese Argumentation wegen ihrer „Transformation“ durch das Doppelbesteuerungsabkommen auf die zwischenstaatliche Ebene freilich vor dem Hintergrund dieser Rechtsprechung nicht mehr herangezogen werden. Bei einer entsprechenden Zuordnung der Ausübungsbefugnis von Besteuerungsrechten in einem Doppelbesteuerungsabkommen können Mitgliedstaaten mit dem Argument der „Kohärenz“ einer steuerlichen Regelung zur Rechtfertigung von grundfreiheitlichen Beeinträchtigungen nicht mehr gehört werden.

bb) Stellungnahme

Indem der Funktionszusammenhang zwischen Abzugsfähigkeit und Auszahlungsbesteuerung mit Abschluss eines Doppelbesteuerungsabkommens aufgehoben wird, ist der Nährboden für erhebliche Zweifel an der Relevanz der „Kohärenz“-Idee als tauglicher Rechtfertigungsgrund bereitet. Regelmäßig ist zwischen den europäischen Mitgliedstaaten, aufbauend auf dem OECD-Musterabkommen oder in expliziter Abweichung davon, die Zuweisung der Rentenbesteuerung entweder zugunsten des Wohnsitz- oder des Quellenstaats geregelt[124]. Dass eine Situation entsteht, in der es an irgendeiner bilateralen Festlegung in diesem Punkt fehlt, erscheint kaum vorstellbar.

Darüber hinaus zeigt sich der Rechtfertigungsgrund der „Kohärenz“ aber auch in anderer Hinsicht erheblichen rechtlichen wie ökonomischen Bedenken ausgesetzt. Ob er als Ausprägung zwingender Gründe des Allgemeininteresses weiterhin bzw. überhaupt zu Recht seine Legitimation als ungeschriebene Schranke der Grundfreiheiten besitzt, ist deshalb im Folgenden allgemein, vor allem aber

124 Vgl. *Prokisch*, in: Vogel/Lehner, Art. 18 Rn. 21.

auch in Bezug auf die konkret-rentensteuerrechtliche Problematik systematisch zu erörtern. Nicht nur aus wissenschaftlicher Sicht ist diese Auseinandersetzung notwenig; erforderlich ist sie gleichermaßen als Anleitung für jede nationale Steuergesetzgebung, da die „Kohärenz"-Idee in (nahezu) jedem steuerrechtlichen Verfahren vor dem Europäischen Gerichtshof bemüht wird.

(1) Kohärenz als weiterhin anerkannter Rechtfertigungsgrund

Greift man dabei zunächst den soeben angesprochenen bilateralen Gesichtspunkt auf, dann ist der Einwand von *Thömmes* nahe liegend, dass realiter das Kohärenz-Argument nur noch bei Fehlen eines Doppelbesteuerungsabkommens zum Tragen kommen kann[125]. Faktisch wird ein derartiger Zustand aber ausgeschlossen sein, was *Thömmes* zu der Schlussfolgerung verleitet, dass die „Kohärenz"-Doktrin letztlich nur eine Leerformel ohne wirkliche Bedeutung und vor allem ohne substantiellen Inhalt ist[126]. Grundsätzlich wird damit die gesamte Rechtsprechung des Europäischen Gerichtshofs zur „Kohärenz" in Frage gestellt. Nimmt man dennoch für einen Augenblick die Situation einer fehlenden bilateralen Regelung an, gilt es zu beachten, dass ein solcher Zustand wegen Art. 293 EG gemeinschaftswidrig ist. Diesen Zustand dann aber zur Rechtfertigung der Beeinträchtigung einer Grundfreiheit zu nutzen, wirkt geradezu widersinnig. Richtigerweise weisen *Thömmes* und *Wernsmann* darauf hin, dass die im EG-Vertrag verbürgte, ungehinderte freie Entfaltung im Gemeinschaftsraum dadurch konterkariert werde[127]. Zweifellos kann es kein überzeugendes Ergebnis sein, wenn man versucht, einen

125 Vgl. *Thömmes*, GS Knobbe-Keuk, S. 795, 832.

126 Vgl. *Thömmes*, GS Knobbe-Keuk, S. 795, 831.

127 So *Thömmes*, GS Knobbe-Keuk, S. 795, 831; *Wernsmann*, EuR 1999, S. 754, 772 f.

rechtswidrigen Zustand für eine andere – grundsätzlich ebenfalls unerwünschte – Ausnahmesituation auszunutzen.

Konsequenter ist es dann, sich von der „steuerlichen Kohärenz“ gänzlich zu verabschieden. Kritische Tendenzen dieser Art sind jedoch nicht neu, ebenso wenig wie deren Anknüpfung an den Funktionszusammenhang zwischen begünstigenden und belastenden steuerlichen Regelungen, sie reichen zurück bis zum „Bachmann“-Urteil selbst[128]. Ausgangspunkt war ein in dieser Entscheidung folgenschwerer systematischer Fehler des Europäischen Gerichtshofs, wodurch das Argument der steuerlichen Kohärenz überhaupt erst ins Leben gehoben wurde: Übersehen wurde, dass im Fall „Bachmann“ ebenfalls ein Doppelbesteuerungsabkommen zwischen Belgien und Deutschland bestand, nach dem das Besteuerungsrecht der Renten ohnehin nur von dem Wohnsitzstaat ausgeübt werden konnte. Gemäß der „Wielockx“-Rechtsprechung hätte damit schon der unmittelbare Zusammenhang zwischen Abzugsfähigkeit der Vorsorgeaufwendungen und Rentenbesteuerung für eine kohärente Regelung nicht vorgelegen. Die Verkennung einer doppelbesteuerungsabkommenrechtlichen Lage war Auslöser der Geburt dieses Rechtfertigungsgrundes, der an sich nie zum Leben hätte erweckt werden dürfen.

Trotz der Präzisierung seiner Rechtsprechung in Rechtssachen „Wielockx“ und „Asscher“ hat sich der Europäische Gerichtshof aber nicht dazu durchringen können, seinen Ursprungsfehler aus der „Bachmann“-Entscheidung zu korrigieren. Die fortwirkende Beachtung ist es dann auch, die der „Kohärenz“-Idee nicht nur einen schillernden, sondern sogar fast mystischen Charakter verleiht.

---

128 Vgl. *Hinnekens/Schelpe*, EC Tax Rev. 1992, S. 58 ff.; *Knobbe-Keuk*, EC Tax Rev. 1994, S. 74, 80; *Saß*, DB 1992, S. 857, 859 f.; ferner *Thömmes*, Verbote der Diskriminierung von Steuerausländern und Steuerinländern, in: Steuerrecht im europäischen Binnenmarkt, S. 81, 97 f.

Mystisch im ureigensten Sinne von „legendenhaft“ auch deshalb, weil ihm die „Bachmann“-Entscheidung zwar die hohen Weihen eines anerkannten Rechtfertigungsgrundes verlieh, er in nachfolgenden Urteilen doch nie wieder als tatsächlich vorliegend bejaht wurde. Selbst als man angesichts dieses Umstands die endgültige Aufgabe dieser Schranke in der Rechtssache „Danner“ erwartete, wurde man vom Gerichtshof auch Ende 2002 eines Besseren belehrt. Ausdrücklich wurde erneut auf die „Bachmann“-Entscheidung verwiesen[129], sodass man fast geneigt ist, eine Art „Wiederbelebung“ dieses Gedankens festzustellen[130]. Mit der Bezugnahme auf die Ausführungen in der Rechtssache „Wielockx“ wird diesen Vermutungen indes schnell eine deutliche Absage erteilt.

Trotz aller berechtigter dogmatischer Kritik seitens der Wissenschaft existiert die „Kohärenz steuerlicher Regelungen“ als anerkannter Rechtfertigungsgrund in der Rechtsprechung fort. Wahrscheinlich wird es zu einer diesbezüglichen Abkehr des Europäischen Gerichtshofs auch nicht kommen, was allerdings nicht auf dessen fehlende Einsichtsfähigkeit zurückzuführen ist. Hinter dem „Kohärenz“-Gedanken steht vielmehr die Idee steuerlicher Souveränität der Mitgliedstaaten, also die verbliebene Hoheit, innerstaatlich für ein finanzielles Gleichgewicht zu sorgen. Indem der Europäische Gerichtshof immer wieder die „Kohärenz“ einer Regelung anprüft, betont stets er auch von neuem die Freiheit der Mitgliedstaaten auf dem Gebiet des Steuerrechts. Dass regelmäßig allerdings ein Doppelbesteuerungsabkommen der Einschlägigkeit dieser Schranke entgegensteht, scheint aus Sicht des Europäischen Gerichtshofs sogar gewollt, denn anders wäre jedenfalls die Aufrechthaltung der offensichtlich selbst für fehlerhaft empfundenen „Bachmann“-Entscheidung nicht nachzuvollziehen:

---

129 Vgl. EuGH, IStR 2002, S. 736, 738, Rn. 36.

130 Vgl. *Schnitger*, IStR 2002, S. 740, 740.

Seine Intention kann deshalb nur darin liegen, die Mitgliedstaaten zur *selbstständigen* Schaffung abgestimmter steuerlicher Regelungen – sowohl innerstaatlich im Sinne der „Mikro-Kohärenz" als auch zwischenstaatlich durch Doppelbesteuerungsabkommen im Sinne einer „Makro-Kohärenz" – anzuhalten, weil dies mangels einer klaren Kompetenz der Europäischen Union den einzigen Weg zur Angleichung der Steuerrechtssysteme darstellt. Sieht man die Rechtsprechung zur „Kohärenz" insgesamt unter dem Blickwinkel dieses „appellativen Charakters", dann wird auch begreiflich, warum der Mythos „Kohärenz" weiter genährt wird – seine Aufgabe und Funktion besteht aus Sicht des Europäischen Gerichtshofs fort. Und der Gerichtshof wird sich dieser Klaviatur auch künftig bedienen und den möglichen Rechtfertigungsgrund der „Kohärenz" weiterhin aufzeigen, um so seiner Bestimmung als treibende Kraft steuerrechtlicher Harmonisierung in Europa gerecht zu werden.

(2) Verstoß gegen das Gebot des effet utile, *Art. 10 EG*

So überzeugend dies klingen mag, können weder die bereits vorgetragenen Bedenken noch die außerdem hinzukommenden Friktionen beseitigt werden. Diese treten unter anderen Blickrichtungen gleichermaßen deutlich hervor: Die Mitgliedstaaten als Bindungsadressat der Grundfreiheiten werden nämlich durch diese Rechtsprechung de facto in die Lage versetzt, über die Möglichkeit von Beeinträchtigungen der Grundfreiheiten selbstständig zu entscheiden, worauf *Wernsmann* zutreffend hinweist[131]. Zustimmend wird man ihm auch darin beipflichten, dass dies dem *effet utile*[132] auf den ersten Blick entgegenwirkt, da die wirksame Durchsetzung des Gemeinschaftsrechts in den Mitgliedstaaten gerade behindert wird. Die Argumentation lässt jedoch außer Acht, dass auch dem *effet utile-*

131 Vgl. *Wernsmann*, EuR 1999, S. 754, 775.

132 Vgl. Art. 10 EG.

Gebot Grenzen gesetzt sind, nämlich eben die zwingenden Gründe des Allgemeinwohls. Da jedoch die Voraussetzungen der (Mikro-) Kohärenz tatsächlich kaum mehr vorliegen werden, können derartige Allgemeininteressen auch nicht einschlägig sein. Ein Konflikt mit Art. 10 EG kann daher per se schon nicht verhindert werden. Vermag allerdings die Beeinträchtigung dieses Grundsatzes nicht gerechtfertigt werden können, dann führt die Anwendung von „Kohärenz"-Überlegungen zu einer Verletzung des *effet utile*-Gebots. Vor diesem Hintergrund wären also jegliche „Kohärenz"-Ansätze mit dem Gemeinschaftsrecht unvereinbar.

(3) Kohärenz zur Verhinderung einer Inländerdiskriminierung

Durch die Anwendung der „Kohärenz"-Formel könnte allerdings verhindert werden, dass Inländer gegenüber EG-Ausländern nicht benachteiligt werden. Reflexiv wäre dies die Auswirkung, wenn Gebietsfremde von Vergünstigungen ausgeschlossen werden, weil sie die Nachteile nicht hinreichend sicher tragen müssten. Wenn ihnen dagegen nur die positiven Effekte eingeräumt würden, wären die Inländer im Vergleich dazu diskriminiert. Wie gezeigt, ist es zwar nicht explizites Anliegen des Gemeinschaftsrechts, an dieser Stelle korrigierend einzugreifen; verboten ist es dem Gemeinschaftsrecht freilich aber auch nicht. Dass ein solcher „Nebeneffekt" auftritt, ist daher durchaus willkommen und spricht in keiner Weise gegen die „Kohärenz"-Erwägungen. Dies ist sogar eher positiv zu werten. Gleichwohl handelt es sich eher um eine unbedeutende mittelbare Wirkung, die nicht dafür herhalten kann, um schwerwiegende methodische Schwächen auszugleichen.

(4) Keine vollständige Inländergleichbehandlung

Diese basieren auf einem dogmatischen Unterbau, der nicht nur – wie oben beschrieben – in seinen Prämissen, sondern gleichermaßen in sich selbst unstimmig ist. Anknüpfungspunkt ist hierfür erneut der unmittelbare Zusammenhang, die strenge Wechselwirkungsbeziehung zwischen positiven und negativen Effekten. Der Europäische Gerichtshof verbindet damit zunächst eine formal-direkte Verknüpfung zwischen beiden Aspekten. Bejaht man den „Kohärenz"-Ansatz als Rechtfertigungsgrund, so wäre die Folge, dass eine Diskriminierung gerechtfertigt wäre. Vergleicht man allerdings die Situation eines Inländers, der seine Vorsorgebeiträge abziehen kann und im Gegenzug dafür voll nachgelagert besteuert wird, mit der eines EG-Ausländers, dem diese Abzugsmöglichkeit versagt und der demzufolge im Rahmen der Rentenbesteuerung vorgelagert erfasst wird, so führt die Schranke der „Kohärenz" jedoch keineswegs zu einer Ausräumung einer Benachteiligung des Gebietsfremden.

Wie noch ausführlicher nachzuweisen sein wird[133], besitzt das nachgelagerte Verfahren für den Steuerpflichtigen gegenüber dem vorgelagerten entscheidende Vorteile. Ohne der Betrachtung umfassend vorgreifen zu wollen, ist jedenfalls ein Aspekt unmittelbar einsichtig: Da mit Renteneintritt die Bezüge des Steuerpflichtigen regelmäßig nicht mehr die Höhe während seiner Erwerbstätigkeit erreichen, kommt ihm bei einer vollen Rentenbesteuerung eine geringere Progression zugute[134]. Hinzu kommt ferner der Zinsvorteil der ersparten Steuern, der streng genommen ebenfalls mit eingerechnet werden müsste. Derjenige also, der nachgelagert besteuert wird, steht somit wegen der Auswirkungen des Steuertarifs regelmäßig besser als derjenige, der seine Rentenbeiträge aus versteuertem Einkommen zu bestreiten hat. Obwohl beide Verfahren Ausprägungen des intertemporalen Korrespondenzprinzips sind, füh-

---

133 Vgl. dazu Kap. B. VI. 1. d).

134 Vgl. dazu *Birk/Wernsmann*, DB 1999, S. 166, 171; dies., DB 1999, S. 2285, 2286.

ren sie über die Lebenszeit ökonomisch zu unterschiedlichen Ergebnissen.

Für den Unmittelbarkeitszusammenhang einer in sich kohärenten Regelung ist aber stets erforderlich – und nur so können die Ausführungen des Europäischen Gerichtshofs interpretiert werden –, dass grundsätzlich eine volle materielle Kompensation der Vor- und Nachteile erfolgt. Sowohl für den Staat als auch für jeden Unionsbürger müssten sich beide neutralisieren, damit die Inländergleichbehandlung eintritt. Der EG-Ausländer wäre allerdings bei der vorgelagerten Variante, wie die vorstehenden Überlegungen zeigen, weiterhin gegenüber dem Gebietsansässigen benachteiligt! Eine Inländergleichbehandlung wird bei einer strengen „Kohärenz“-Betrachtung auf Ebene der Steuerpflichtigen eben nicht hergestellt. Gerade dies wäre allerdings als logische Konsequenz der Unmittelbarkeit von Abzugsfähigkeit der Beiträge und Besteuerung der Renten zwingend erforderlich: Dann würden beide Institute dergestalt zusammenwirken, dass es keinen Unterschied macht, ob der steuermindernde Abzug gewährt und als dessen Folge die Rentenauszahlung besteuert oder selbiger versagt wird, dafür aber auch der Rentenbezug steuerfrei ist. Dann und nur dann wäre im Rahmen eines Steuersystems – in jeder Richtung – Belastungsgleichheit zwischen allen Steuerpflichtigen erreicht und die eine kohärente Regelung auszeichnende Systemgerechtigkeit verwirklicht.

Im Gegensatz zu anderen Rechtfertigungsgründen, aufgrund derer eine Ungleichbehandlung lediglich ausnahmsweise hingenommen werden kann, ist in der „Kohärenz“ die Gleichbehandlung dem Grunde nach notwendig angelegt. Vermag umgekehrt ein Regelungskomplex die Auflösung der Ungleichbehandlung nicht zu leisten, muss er als inkohärent gelten. Wie der Vergleich der steuerlichen Situation von Inländer und EG-Ausländer verdeutlicht, kann die „Kohärenz einer steuerlichen Regelung“ im Verständnis des Gerichtshofs in keiner rechtlich denkbaren Konstellation herbeigeführt werden.

Als einziger Ausweg, um das „Kohärenz"-Argument vor dem Verdikt der Inkonsistenz zu schützen, erscheint dann nur, den Zusammenhang zwischen be- und entlastenden Normen denkbar weit zu fassen und im Zweifel – wie das Bundesverfassungsgericht[135] – die Herstellung von Belastungsgleichheit auch in unsystematischer Weise zu erlauben. Damit muss man sich aber eingestehen, dass der Gedanke der „Kohärenz" im Sinne von „Zusammenhang" endgültig ad absurdum geführt ist! Darüber hinaus hilft diese Argumentation auch deshalb nicht weiter, weil durch die Grundfreiheiten gerade jede Schlechterstellung verhindert werden soll, die aber hier für eine bestimmte Gruppe von Personen, die ausschließlich von den Belastungen betroffen ist, bewusst in Kauf genommen würde[136]. Mithin ziehen die gesamten „Kohärenz"-Überlegungen nicht nur in ihrem Ausgangspunkt erhebliche Zweifel nach sich, sondern sind insbesondere auch in sich selbst von Widersprüchen durchsetzt.

(5) Fazit

Jeder nationale Gesetzgeber kommt dennoch vor dem Hintergrund der scheinbar unumstößlichen Rechtsprechung des Europäischen Gerichtshofs zur „Kohärenz" nicht umhin, sowohl „Mikro-" als auch „Makro-Kohärenz"-Überlegungen in seinem legislativen Schaffen umfassend zu berücksichtigen. Es ist jedoch unter Beachtung durchgreifender systematischer, methodischer und ökonomischer Kritik empfehlenswert, den Mythos „Kohärenz" in den Bereich der Rechtshistorie zu verweisen und an Stelle des Europäi-

135 Vgl. BVerfGE 96, 1, 8.

136 Vgl. *Englisch*, StuW 2003, S. 88, 96, der ein weites Verständnis ebenfalls ablehnt.

schen Gerichtshofs andere Wege zu beschreiten, um die steuerliche Harmonisierung in Europa voranzutreiben. Ob der bloße Verweis auf eine – lediglich theoretisch – denkbare Rechtfertigung durch „Kohärenz"-Gesichtspunkte tatsächlich hierfür so förderlich ist, muss dabei schon grundsätzlich in Frage gestellt werden.

Ohne den ständigen Verweis auf die „Kohärenz"-Doktrin brächte der Gerichtshof aber jedenfalls die steuerrechtliche Vereinheitlichung in Europa mindestens ebenso effektiv voran, weil für die Mitgliedstaaten (endlich) evident wäre, dass nicht mal mehr eine generell anerkannte Möglichkeit der Rechtfertigung von grundfreiheitlichen Beeinträchtigungen insoweit besteht. Dann erst wird eine grundlegende Auseinandersetzung mit den Grundfreiheiten und ihrer Ausformung durch den Europäischen Gerichtshof auf dem Gebiet des Steuerrechts in den einzelnen Mitgliedsländern stattfinden, die weit über das bisherige Maß hinausgeht. Und erst dann können Harmonisierungspotenziale bisher ungeahnter Dimension realisiert werden, weil in diesem Moment – wie selbstverständlich – das Gemeinschaftsrecht neben die national-verfassungsrechtlichen Maßstäbe tritt und fortan in der Beachtung der nationalen Gesetzgeber den gleichen Stellenwert genießt. Man wird jenseits dieser Bestrebungen aber ebenso Bemühungen für eine europaweite Lösung steuerlicher Kollisionslagen entwickeln. Und dies sollte – zu Recht – gerade auch auf dem weit verwobenen Feld der steuerlichen Behandlung der Alterssicherung das Ziel sein[137]. Die durchaus verständliche Intention der fortwährenden Anwendung der „Kohärenz"-Idee durch den Europäischen Gerichtshof kann sinnvoller durch deren Aufgabe verfolgt werden.

137 Vgl. dazu Kap. B. VI. 2.

4. Ergebnis

Auch unter dem Topos der „Kohärenz einer steuerlichen Regelung" wird sich die gegenständliche Materie einer Versagung der Abzugsfähigkeit grenzüberschreitender Altersvorsorge nicht rechtfertigen lassen. Selbst wenn man – wie der Europäische Gerichtshof – dem unstimmigen Produkt einer fehlerhaften Bewertung einer einzelnen Entscheidung weiter anhängt, wird in der Rechtswirklichkeit auch dadurch eine Beeinträchtigung der Arbeitnehmerfreizügigkeit regelmäßig nicht legitimiert. Ohne Unterscheidung gilt dies nach Maßgabe und Übertragung der aufgestellten Grundsätze aus dem „Schumacker"-Urteil sowohl für beschränkt als auch unbeschränkt Steuerpflichtige. Im Einzelfall zulässige verfahrensrechtliche Einschränkungen der Abziehbarkeit von Vorsorgeaufwendungen können aus sozialpolitisch-aufsichtsrechtlichen Motiven beim Abschluss von „Neuverträgen" abgeleitet werden. Allgemeine Bedeutung kommt aber auch ihnen nicht zu. Ansonsten ist die Arbeitnehmerfreizügigkeit bei Verweigerung der steuerlichen Abzugsfähigkeit von Vorsorgebeiträgen typischerweise verletzt.

III. Vereinbarkeit mit der Niederlassungsfreiheit, Artt. 43, 48 EG

Korrespondierend zur Arbeitnehmerfreizügigkeit gemäß Art. 39 I, II EG kann für den Fall, dass die Abzugsfähigkeit grenzüberschreitender Altersvorsorgebeiträge von einem Steuerpflichtigen im Rahmen einer selbstständigen Erwerbstätigkeit begehrt wird, die Niederlassungsfreiheit nach Art. 43 EG betroffen sein.

1. Sachlicher und persönlicher Anwendungsbereich

Der Anwendungsbereich dieser Grundfreiheit umfasst die freie Wahl einer Niederlassung im Gemeinschaftsraum. In diesem Zusammenhang wird vor allem die Aufnahme und Ausübung selbstständiger Erwerbstätigkeiten sowie die Gründung und Leitung von Unternehmen geschützt (Art. 43 II EG)[138]. Eine Beschränkung auf natürliche Personen wird dabei nicht vorgenommen, auf juristische Personen wird vielmehr sogar direkt über Art. 48 EG der Schutzbereich des Niederlassungsrechts erstreckt. Von weitergehendem Interesse sind für die Diskussion der steuerlichen Behandlung der Altersvorsorge jedoch verständlicherweise nur die natürlichen Personen.

Entscheidend wird der Anwendungsbereich hierbei von zwei Begriffen bestimmt: dem der „selbstständigen Erwerbstätigkeit" auf der einen sowie dem der „Niederlassung" auf der anderen Seite.

Der Begriff der „Niederlassung" knüpft an eine feste Einrichtung an, mittels derer eine wirtschaftliche Tätigkeit auf unbestimmte Zeit tatsächlich ausgeübt wird[139]. Weil hiermit primär die ungehinderte Wahl einer baulichen Einrichtung, d.h. Betriebs- und Produktionsstätte etc., angesprochen ist, ist dieser Ansatz ebenfalls nicht weiter relevant. Dagegen grenzt das Merkmal der „selbstständigen Erwerbstätigkeit" die Niederlassungsfreiheit von der Arbeitnehmerfreizügigkeit ab.

Unter „Erwerbstätigkeit" wird jede Art der wirtschaftlichen, d.h. grundsätzlichen entgeltlichen Tätigkeit verstanden, die in eigener Verantwortung und vor allem weisungsfrei erfolgt[140]. Aus dieser weiten Definition ist ersichtlich, dass keine Begrenzung auf rein

---

138 Vgl. dazu *Scheuer*, in: Lenz/Borchardt, Art. 43 Rn. 2 f.

139 Vgl. EuGH, Rs. C-221-89 („Factortame"), Slg. 1991, I-3905, 3965, Rn. 20.

140 Vgl. *Bröhmer*, in: Callies/Ruffert, Art. 43 Rn. 10.

gewerbliche Tätigkeiten erfolgt, sondern ebenso freiberufliche Betätigungen von dem Niederlassungsrecht gedeckt sind[141].

Demzufolge war für den Europäischen Gerichtshof in der bereits mehrfach erwähnten Rechtssache „Wielockx“ die Niederlassungsfreiheit auch unproblematisch auf Freiberufler anwendbar, sodass es im Urteil noch nicht einmal einer Feststellung bedurfte. Der Physiotherapeut Wielockx, ein in Belgien ansässiger belgischer Staatsangehöriger, der in den Niederlanden tätig war, begehrte in diesem Verfahren die steuerliche Abzugsfähigkeit seiner Zuführungen zu einer Altersrücklage, die nach den niederländischen Vorschriften jedoch von der dortigen Ansässigkeit abhängig war[142]. Insbesondere für Freiberufler ist diese Grundfreiheit seitdem der typische Anknüpfungspunkt zur Einforderung ihrer Gleichbehandlung mit Inländern. Die Argumentation zur Eröffnung des Anwendungsbereichs verläuft dabei analog zu Art. 39 I, II EG[143]. Ebenso wird sich aber auf die Niederlassungsfreiheit seit der Entscheidung in der Rechtssache „Asscher“ auch von Unternehmern regelmäßig berufen, wenn steuerliche Beeinträchtigungen durch das nationale Recht vermutet werden[144]. Ein Bezug zur selbstständigen Erwerbstätigkeit liegt damit regelmäßig vor, was zur Eröffnung des Anwendungsbereichs der Niederlassungsfreiheit führt.

2. Beeinträchtigung und Rechtfertigung

Für die Beeinträchtigung- und die Rechtfertigungsprüfung gilt ebenfalls nichts anderes, als oben bereits zur Arbeitnehmerfreizügigkeit ausgeführt wurde. Insgesamt verletzt die Verweigerung des steu-

---

141 Vgl. EuGH, Rs. C-70/95 („Sodemare“), Slg. 1997, I-3395, 3432 f., Rn. 24.

142 Vgl. EuGH, Rs. C-80/94 („Wielockx“), Slg. 1995, I-2493, 2510, Rn. 3.

143 Vgl. Kap. B. II. 1.

144 Vgl. EuGH, Rs. C-107/94 („Asscher“), Slg. 1996, I-3089, 3121, Rn 26.

ermindernden Abzugs von Altersvorsorgeaufwendungen also auch die Niederlassungsfreiheit.

IV. Vereinbarkeit mit der Dienstleistungsfreiheit, Artt. 49, 50 EG

Verändert man die Betrachtungsrichtung weg von dem Steuerpflichtigen und hin zu den jeweiligen ausländischen Anbietern von Altersvorsorgeprodukten, geht mit einer Verletzung der Arbeitnehmerfreizügigkeit bzw. der Niederlassungsfreiheit bei Selbstständigen – spiegelbildlich – gleichzeitig bei den Versorgungsträgern eine Verletzung der Dienstleistungsfreiheit, Art. 49 EG, einher.

Mit dieser Grundfreiheit werden sämtliche Behinderungen, d.h. Diskriminierungen *und* Beschränkungen, des freien Dienstleistungsverkehrs in der Gemeinschaft untersagt[145]. Der Begriff der „Dienstleistung" wird durch Art. 50 EG auch wieder denkbar weit gefasst und erfordert demgemäß insbesondere eine Leistung, die gegen „Entgelt" erbracht wird[146].

Im Rahmen der Alterssicherung ist für die Einschlägigkeit der Dienstleistungsfreiheit darauf hinzuweisen, dass die Beiträge an einen Versorgungsträger das wirtschaftliche Äquivalent, die Gegenleistung, zur späteren Rentenzahlung darstellen. Ein entgeltlicher Charakter kann bei Versicherungsprodukten, wie der Europäische Gerichtshof in seiner jüngsten Entscheidung in diesem Kontext nun nochmals klargestellt hat[147], also bejaht werden. Durch die Anerkennung bestimmter Steuerabzugsmöglichkeiten der Versicherten

145 Vgl. Kap. B. I. 1.

146 Vgl. *Hakenberg*, in: Lenz/Borchardt, Artt. 49/50 Rn. 7.

147 So EuGH, Rs. C-136/00 („Danner"), IStR 2002, 736, 738, Rn. 27.

in Abhängigkeit von dem Sitz des Versicherers im Inland werden insoweit auch ausländische Versorgungseinrichtungen und Versicherungen gegenüber inländischen Anbietern benachteiligt[148]: Die Versicherten würden dann nämlich davon abgehalten, sich an einen ausländischen Versicherer zu wenden, wodurch dieser in dem Vertrieb seiner Produkte behindert werde.

Hinsichtlich der Rechtfertigung gelten die bei der Arbeitnehmerfreizügigkeit umfassend erörterten Rechtfertigungsansätze entsprechend. Indes offenbart sich insoweit allerdings eine Nuance, die der Gerichtshof in dem „Bachmann"-Urteil kurz andeutet, in früheren Entscheidungen aber bereits herausgearbeitet hatte: Ausnahmsweise könne das Erfordernis einer Niederlassung im Inland aber mit der Dienstleistungsfreiheit vereinbar sein, wenn es *unerlässliche* Voraussetzung für die Erreichung des im Allgemeininteresse verfolgten Zweckes ist[149]. Eine sog. Residenz- bzw. Präsenzpflicht im Inland wird im Rahmen der Dienstleistungsfreiheit wegen der Besonderheit bestimmter Leistungserbringungen daher insgesamt eher als Ausfluss zwingender Gründe des Allgemeininteresses diskutiert und mitunter auch gerechtfertigt, obwohl die Rechtsprechung mittlerweile bei dem Nachweis der „Unerlässlichkeit" einer Inlandsresidenz die Anforderungen an einen legitimen Rechtfertigungsgrund verschärft hat.

Bei Versicherungsunternehmen und Versorgungsträgern wird vor allem unter dem Blickwinkel einer einfachen und sicheren Wahrnehmung der Kontroll- und Überwachungsaufgaben durch die je-

---

148 Vgl. EuGH, Rs. C-204/90 („Bachmann"), Slg. 1992, I-249, 284, Rn. 31.

149 Vgl. EuGH, Rs. C-204/90 („Bachmann"), Slg. 1992, I-249, 284, Rn. 32 unter Bezugnahme auf EuGH, Rs. 205/84 („Kommission/Deutschland"), Slg. 1986, 3755, 3809, Rn. 52; großzügiger noch – ohne das Merkmal der „Unerlässlichkeit" – EuGH, Rs. C-33/74 („van Binsbergen"), Slg. 1974, 1299, 1309, Rn. 10/12, 13.

weiligen Aufsichtsämter versucht, ein Allgemeininteresse zu begründen[150]. Korrespondierend mit seinem Standpunkt zur allgemeinen steuerlichen Aufsicht als Rechtfertigungsgrund lässt der Europäische Gerichtshof angesichts der Möglichkeiten der Amtshilferichtlinie eine derartige Rechtfertigung gleichwohl nicht durchgreifen. Auch wenn der Europäische Gerichtshof diese Auffassung so deutlich nicht begründet, ist sie dennoch als Schlussfolgerung seiner übrigen Rechtsprechung zu steuerrechtlichen Fragestellungen konsequent.

Dass die Hürden einer Rechtfertigung von Beeinträchtigungen von Lebensversicherungen ohnehin hoch liegen, zeigt zudem der ausdrückliche Wille der Gemeinschaft durch den Erlass mehrer Richtlinien zur Liberalisierung des Dienstleistungsverkehrs auf dem Gebiet der Lebensversicherungen[151]. Neben den Besonderheiten der Dienstleistungsfreiheit sind gerade diese Vorgaben des sekundären Gemeinschaftsrechts bei der steuerlichen Erfassung der Altersvorsorge zu gewärtigen: Der freie (Versicherungs-)Dienstleistungsverkehr wird mit der Arbeitnehmerfreizügigkeit und Niederlassungsfreiheit zumindest auf eine Stufe gestellt. Die europäische Gemeinschaft hat sich seines „Ausgestaltungsrückstands" durch den Erlass von Richtlinien verstärkt angenommen und ihn so den oben dargestellten Freiheiten hinsichtlich des Schutzniveaus angeglichen. Da jede Begrenzung des steuermindernden Abzugs von gesetzlichen wie privaten Rentenbeiträgen somit auch zu einer Verletzung der Dienstleistungsfreiheit führt, darf diese keinesfalls in dem gegenständlichen Kontext unbeachtet bleiben.

---

150 So EuGH, Rs. 205/84 („Kommission/Deutschland"), Slg. 1986, 3755, 3810, Rn. 54.

151 Vgl. 2. Richtlinie 90/916/EWG vom 8.11.1990, ABl. EG Nr. L 330/50.

V. Vereinbarkeit mit der Kapital- und Zahlungsverkehrsfreiheit, Art. 56 EG

Demgegenüber von untergeordneter Bedeutung ist freilich die Kapital- und Zahlungsverkehrsfreiheit gemäß Art. 56 I, II EG, die einen ungehinderten Kapital- und Zahlungsmittelstrom in Europa zum Ziel hat[152]. Zwar wird immer wieder versucht, wie die Rechtssachen „Bachmann“ und „Danner“ belegen, neben den obigen Verstößen auch stets eine Verletzung der Kapital- bzw. Zahlungsverkehrsfreiheit nachzuweisen.

Diese Bemühungen erwiesen sich jedoch stets als vergeblich: Vom Europäischen Gerichtshof wird dazu regelmäßig auf die Subsidiarität dieser Grundfreiheit verwiesen, wenn andere Grundfreiheiten bereits verletzt sind und sich eine Verletzung von Art. 56 I, II EG nur mittelbar aus diesen Verletzungen ergeben könnte[153]. Aber selbst dann wäre eine feststellbare Behinderung der globalen Kapitalströme erforderlich. Soweit von den Beteiligten hierfür vorgebracht wird, dass bei Zulassung des Steuerabzugs der Kapitalfluss in die jeweiligen ausländischen Mitgliedstaaten höher wäre[154], stellt dies allenfalls eine indirekte Verbindung zur Kapital- und Zahlungsverkehrsfreiheit her, die für eine Beeinträchtigung des Schutzbereichs nicht ausreichend ist.

Es handelt sich hier sogar nur um eine hypothetische Betrachtung, die grundsätzlich außer Acht zu bleiben hat. Für die Beurteilung eines Verstoßes kann sie aber auch bei anderer Ansicht keine ent-

152 Vgl. *Bröhmer*, in: Callies/Ruffert, Art. 56 Rn. 5 f. und 8.

153 Vgl. EuGH, Rs. C-204/90 („Bachmann“), Slg. 1992, I-249, 285, Rn. 34; knapp Rs. C-136/00 („Danner“), IStR 2002, 736, 740, Rn. 58.

154 So wohl inhaltlich Hanns-Martin Bachmann und die EU-Kommission nach Interpretation des Generalanwalts *Mischo* in seinem Schlussantrag, vgl. EuGH, Rs. C-204/90 („Bachmann“), Slg. 1992, I-249, 274, Nr. 31.

scheidende Bedeutung erlangen, weil es jedem Versicherten als Kapitalanleger weiterhin freisteht, seine Altersvorsorgeanlage im Ausland zu tätigen. Unmittelbar an der Anlage selbst wird er schließlich nicht gehindert. Die Kapitalmärkte sind insoweit auch nicht in ihren Zahlungsströmen eingeschränkt. Dass er die Beiträge möglicherweise nicht steuerlich geltend machen kann, betrifft aber nicht den Anwendungsbereich von Art. 56 I, II EG. Die Rechtsprechung des Europäischen Gerichtshofs ist deshalb dahingehend zu präzisieren, dass der Anwendungsbereich schon nicht betroffen ist. Folglich bleibt Art. 56 I, II EG ohne Einfluss auf die steuerliche Behandlung der Altersvorsorgebeiträge. Das Ergebnis der bisherigen Untersuchung ist vor diesem Hintergrund also insgesamt dahingehend zusammenzufassen, dass auch ein EG-Ausländer Anspruch auf steuermindernden Abzug seiner Vorsorgebeiträge hat, soweit ein solcher den inländischen Steuerpflichtigen gewährt wird.

VI. Lösungswege zur Vermeidung von Freiheitsbeschränkungen

An verschiedener Stelle wurde schon darauf aufmerksam gemacht, dass die Ursache in der fehlenden steuerrechtlichen Abstimmung der Mitgliedstaaten zu suchen ist. Wenn nunmehr aber klar ist, dass zur Herstellung der Inländergleichbehandlung in einem Mitgliedstaat, der die nachgelagerte Rentenbesteuerung eingeführt hat, auch jedem EG-Ausländer diese Möglichkeiten eingeräumt werden müssen, sollte man an diesem Punkt nicht Halt machen, sondern die Gelegenheit nutzen, über eine grundsätzliche konzeptionelle Neu-Ausrichtung nachzudenken, damit derartig grenzüberschreitende Konflikte künftig generell nicht mehr auftreten. Insbesondere bei der Erörterung sozialpolitisch-aufsichtsrechtlicher Rechtfertigungsgründe sind diesem Zusammenhang höchst zweifelhafte, aber systematisch richtige Ergebnisse offensichtlich geworden. Die Frage ist jedoch, wie eine europaweit einheitliche und gleichermaßen fortschrittliche wie zukunftsträchtige Lösung aussehen könnte.

1. Europaweit einheitlich nachgelagerte Rentenbesteuerung

Nahe liegend wäre insoweit, eine nachgelagerte Rentenbesteuerung in sämtlichen Mitgliedstaaten einzuführen. Betrachtet man dazu die in den einzelnen Mitgliedsländern praktizierte Form der steuerlichen Behandlung der Alterssicherung, so ist zunächst zu differenzieren zwischen drei denkbaren System der Rentenbesteuerung: dem *EET-System*, was impliziert, dass Beiträge und Anlageerträge steuerfrei, Leistungen aber steuerpflichtig sind; dem *ETT-System*, bei dem zusätzlich auch die Anlageerträge besteuert werden, und dem *TEE-System*, welches Anlageerträge und Leistungen zwar steuerfrei stellt, dafür aber keinen steuerlichen Abzug der Beiträge zulässt.

Hinter diesen Abkürzungen verbirgt sich mit anderen Worten also die nachgelagerte Besteuerungsvariante (EET-System) sowie das vorgelagerte Verfahren (TEE-System), während es sich bei dem ETT-System um eine Mischform handelt.

Anhand der instruktiven Übersicht der EU-Kommission in ihrer Empfehlung vom 19. April 2001[155] wird deutlich, dass sich elf der damals 15 Mitgliedstaaten (bereits) für das nachgelagerte Verfahren entschieden haben[156]. Verwunderlich ist aber, dass dennoch immer wieder grenzüberschreitende Streitigkeiten in Fragen der Rentenbesteuerung auftreten. Die Ursache dieses Befundes er-

---

155 Siehe EU-Kommission, ABl. EG 2001 Nr. C 165/6.

156 Hinsichtlich der steuerlichen Behandlung der Alterssicherung in den ab 1.5.2004 der EU beigetretenen Ländern sei verwiesen auf andere Diplomarbeiten am Lehrstuhl von Prof. Dr. *Wosnitza*.

schließt sich aus einer derartigen Globalbetrachtung freilich nicht unmittelbar. Ursächlich dafür ist bei genauerem Hinsehen eine höchst unterschiedliche Ausgestaltung der nachgelagerten Besteuerung in den jeweiligen Ländern: Teilweise erfolgen höhenmäßige Beschränkungen der Abziehbarkeit, teilweise werden Freibeträge gewährt, teilweise werden verschiedene Segmente der Altersvorsorge untereinander, aber auch innerhalb ihrer Vorsorgeformen unterschiedlich behandelt[157]; zudem wird Beiträgen, die an Einrichtungen im Ausland fließen, überwiegend der steuermindernde Abzug verweigert[158]. Diese nationalen Abweichungen sind es, die (noch) den Weg zu einer Konfliktbewältigung versperren. Dennoch weist die Entscheidung der überwiegenden Mehrheit für die Wahl der nachgelagerten Rentenbesteuerung in die richtige Richtung.

a) Allgemeine Ausgestaltung

Korrekturen sind natürlich – wie der Gang der Analyse gezeigt hat – hinsichtlich der Einschränkung des steuerlichen Vorsorgeabzugs bei Beitragsentrichtung an ausländische Anbieter zwingend nötig. In diesem Punkt sind sämtliche Behinderungen für EG-Ausländer gegenüber Inländern zu beseitigen. Ebenso ist dafür zu plädieren, dass eine steuerliche Unterscheidung nach gesetzlichen, betriebli-

---

157 So bisher z.B. in Deutschland im Rahmen der betrieblichen Vorsorge, bei der Direktzusagen und Renten aus Unterstützungskassen nachgelagert, Beiträge zu Direktversicherungen und Pensionskassen und -fonds dagegen vorgelagert besteuert werden, während die gesetzliche und private Eigenvorsorge einer Mischform folgt. Vgl. *Brügelmann/Fuest*, Besteuerung der Altersvorsorge und Alterseinkünfte, S. 21.

158 Vgl. detailliert zu den nationalen Unterschieden *Brügelmann/Fuest*, Besteuerung der Altersvorsorge und Alterseinkünfte, S. 51-53; *Heydt*, Die Besteuerung von Altersicherung im Ausland, in: VDR (Hrsg.): Besteuerung von Beiträgen und Leistungen in der Altersvorsorge, DRV-Schriften Band 29, S. 121-123.

chen oder privaten Vorsorgeformen aufgehoben wird. Das Gemeinschaftsrecht gilt für alle Segmente der Altersvorsorge in gleichem Maße – und auch das jeweilige Verfassungsrecht enthält keine grundsätzlich andere Wertung. Warum ist also eine derartige Differenzierung notwendig? Das Bundesverfassungsgericht hat auf nationaler Ebene zwar ausdrücklich am 6. März 2003 „nur“ die ungleiche Besteuerung von Pensionen und Sozialversicherungsrenten kritisiert und keine allgemeine Neuregelung der steuerlichen Behandlung von Altersvorsorgeaufwendungen und Alterbezügen verlangt. Doch ist seine Maßstabsbildung derart allgemeingültig formuliert[159], dass man die Favorisierung einer grundsätzlich umfassenden steuerlichen Neugestaltung durchaus herauslesen kann. Diese im Sinne einer europaweiten nachgelagerten Besteuerung für sämtliche Alterseinkünfte zu bewältigen, wäre demnach ein folgerichtiger Schritt.

b) Vorgaben des intertemporalen Korrespondenzprinzips

So einfach dies klingt, stellt es sich indes nicht dar. Eigentlicher Ausgangspunkt der Überlegungen ist das *intertemporale Korrespondenzprinzip*, wonach das Lebenseinkommen einer Person einmal, aber auch *nur* einmal zu besteuern ist[160]. Vom Gerechtigkeitsgefühl mag man dies für geradezu zwingend halten; verhindert werden soll insoweit eine – bezogen auf das gesamte Leben des Steuerpflichtigen – mögliche Doppel- bzw. Mehrfachbesteuerung. Wird dies nicht gewährleistet, können insbesondere bei Kapitalein-

159 Siehe BVerfGE 105, 73, 126.

160 Vgl. *Birk*, Leistungsfähigkeitsprinzip als Maßstab der Steuernormen, S. 16 f.; *Tipke/Lang*, § 4 Rn. 119 ff.; *Gröpl*, Nachgelagerte Besteuerung (juristische Aspekte), in: VDR (Hrsg.): Besteuerung von Beiträgen und Leistungen in der Altersvorsorge, DRV-Schriften Band 29, S. 85, 93; *Peffekoven*, ifo-Schnelldienst 21/2000, S. 3, 3; *Seer*, StuW 1996, S. 323, 335.

künften ökonomisch unerwünschte Verzerrungen auftreten, wenn nämlich der Steuerpflichtige gerade wegen einer drohenden Mehrfachbelastung dieses Einkommen zu Konsumzwecken verwendet, statt es zu sparen. Die dabei auftretenden Substitutionswirkungen zwischen Konsum und Sparen führen zu Effizienzverlusten, weil die Auswahlentscheidung nicht mehr nach ökonomischen Vorteilhaftigkeitserwägungen getroffen, sondern maßgeblich von einem unvollkommenen Steuersystem geleitet wird.

Trotz dieser ökonomischen Rechtfertigung können Bedenken gegen die allgemeine Geltung des Korrespondenzprinzips freilich dadurch entstehen, dass es dafür an einer klaren verfassungsrechtlichen Verwurzelung fehlt. Indem das Bundesverfassungsgericht in seinem jüngsten Rentenbeschluss vom 6. März 2002 allerdings wiederholt auf ein Verbot der Mehrfachbesteuerung im Hinblick auf das Lebenseinkommen hinweist[161], schreibt es dem intertemporalen Korrespondenzprinzip indirekt Verfassungsrang zu. Worauf letztlich dessen Herleitung konkret beruht – auf Art. 14 I GG als Schutz vor einer „Substanzbesteuerung"[162] oder auf dem Leistungsfähigkeitsprinzip selbst, weil die Periodeneinkommensteuer lediglich ein verfahrenstechnisches Prinzip darstellt – braucht dann aber auch nicht entschieden zu werden, wenn es sich jedenfalls um ein elementar verfassungsrechtlich vorgegebenes und höchstrichterlich ausgeformtes Institut handelt.

Fordert man insoweit stets die Verwirklichung des intertemporalen Korrespondenzprinzips, so ist die sich anschließende Frage zu beantworten, *wann* die Besteuerung geschehen soll. Bezogen auf die Besteuerung der Altervorsorge bedeutet dies folglich, dass entweder die Beiträge aus versteuertem Einkommen aufgebracht werden und demgemäß die Leistungen – mit Ausnahme der Kapitalerträge –

---

161 Vgl. BVerfGE 105, 73, 134 f.

162 In diese Richtung *Seer*, StuW 1996, S. 323, 335.

steuerfrei bleiben (vorgelagertes Verfahren) oder aber dass umgekehrt bei Steuerfreiheit der Vorsorgeaufwendungen der Kapitalrückfluss besteuert wird (nachgelagertes Verfahren). Beide Verfahren verwirklichen also im Idealfall bei konsequenter Umsetzung offensichtlich das Korrespondenzprinzip, sodass beide Varianten prima facie gleichwertig nebeneinander stehen. Insbesondere eine Verzerrung der Kapitalallokation, d.h. die Entscheidung zwischen Konsum und Sparen, wäre – wie oben gefordert – durch die Besteuerung nicht mehr gegeben. Und damit ist die Wahl der nachgelagerten Besteuerungsvariante schon nicht mehr so klar, wie es ursprünglich den Eindruck machte. Andere Kriterien müssen also herangezogen werden, um eine Entscheidung zwischen beiden Verfahren sinnvoll treffen zu können.

c) Relevante Leistungsfähigkeitsmaßgröße

Hilfestellung liefert dabei möglicherweise das Leistungsfähigkeitsprinzip. Als übergeordneter Maßstab des Korrespondenzprinzips – wie hier vertreten – ist es der wegleitende Maßstab, an dem sich jede Besteuerung zu orientieren hat. Wie die Leistungsfähigkeit allerdings zu messen ist, wurde oben bereits bei der Frage, wann eine „Steuervergünstigung“ im Sinne des „Schumacker“-Urteils vorliegt, unter verschiedenen Ansätzen diskutiert[163].

Kurz zusammengefasst stehen drei mögliche Maßgrößen mit dem „verwirklichten Mittelerwerb“, der „verwirklichten“ sowie „potenziellen Bedürfnisbefriedigung“ und somit auch drei Konzepte – Markteinkommensteuer, Konsumausgabensteuer und subjektive Leistungsfähigkeit – zur Verfügung. Je nach dem, welchem Konzept man folgt, können daraus naturgemäß also durchaus divergierende Entscheidungen für das vor- oder das nachgelagerte Besteue-

---

163 Vgl. Kap. B. II. 2. c) aa).

rungsverfahren erwachsen. Ebenso sind innerhalb der Konzepte steuerliche Differenzierungen bzgl. verschiedener Vorsorgeformen nicht ausgeschlossen. Wenn also schon die grundsätzliche Entscheidung für ein Besteuerungsverfahren zweifelhaft ist, ist eine differenzierte Betrachtungsweise auch für die steuerliche Behandlung der verschiedenen Formen der Altersvorsorge gewiss nicht überflüssig.

Unter diesen Prämissen bedingt das *Markteinkommenskonzept* – wie oben ausführlich dargestellt – eine Leistung der Beiträge zu einer beliebigen Art der Altersvorsorge aus versteuertem Einkommen, weil einzig der tatsächliche Mittelerwerb der Besteuerung als Leistungsfähigkeitsindikator zugrunde zu legen ist. Aus diesem Verständnis folgt daher eine Entscheidung für das vorgelagerte Verfahren.

Demgegenüber stellt eine *Konsumausgabenbesteuerung* das diametrale Gegenteil dar, bei welchem jede Form des Vorsorgesparens steuerlich umfassend abzugsfähig zu stellen ist, da sie zu einer intertemporalen Konsumverlagerung in die Zukunft führt. Weil jedoch nur der tatsächliche Konsum besteuert wird, sind alle Alterseinkünfte voll steuerpflichtig, soweit sie zu Konsumzwecken verwandt werden. Hier verwirklicht sich das nachgelagerte Verfahren in seiner Idealgestalt.

Zwischen Markteinkommens- und Konsumausgabensteuer-Konzept steht die *subjektive Leistungsfähigkeitsbetrachtung*, wonach nur die disponiblen Einkommensbestandteile die Leistungsfähigkeit erhöhen. Mithin sind die sog. Zwangsbeiträge zur gesetzlichen Rentenversicherung aus dieser Betrachtung zwingend herauszunehmen, was impliziert, dass sie in die steuerliche Bemessungsgrundlage nicht einfließen, also als Aufwand steuerfrei gestellt werden müssen. Die Rentenbezüge sind dagegen voll zu versteuern. Bei zusätzlichem freiwilligen, d.h. privatem oder betrieblichem Vorsorgesparen existiert indes ein Bedürfnisbefriedigungspotenzial, sodass derartige Beiträge aus versteuertem Einkommen zu leisten und damit vorgelagert zu besteuern sind. Allein das Leistungsfähigkeitsprinzip vermag daher weder für das vor- noch das nachgelagerte Verfahren eindeutig Position zu beziehen.

d) Bewertung des nachgelagerten Besteuerungsverfahrens

Systematisch verfehlt ist es auch, aus einem Konzept heraus zu argumentieren und damit der Fehlvorstellung zu erliegen, eine begründete Entscheidung treffen zu können. Denn jede Ansicht zum Indikator der Leistungsfähigkeit hat gute Argumente, wie oben gesehen, für sich und stellt ein schlüssiges Konstrukt dar. Vielmehr bedarf es allgemeiner Beurteilungsmaßstäbe und übergeordneter Aspekte.

aa) Steuervereinfachung

Teilweise wird vorgebracht, dass eine nachgelagerte Besteuerung zur *Steuervereinfachung* beiträgt und aus diesem Grunde eingeführt werden sollte[164]. Richtig ist daran, dass in ihrer Reinform keine komplizierten und die Realität ohnehin nicht zutreffend abbildenden Annahmen mehr getroffen werden müssen, wie dies bisher noch in Deutschland bei den Sozialversicherungsrenten hinsichtlich des Ertragsanteils geschieht[165]. Gleichzeitig würden bei einer solchen Umsetzung auch die Versorgungsfreibeträge für Pensionäre gemäß § 19 II 1 EStG wegfallen, die steuersystematisch ohnehin nicht gerechtfertigt werden können und wohl nur einem Ausgleich für die (bisherige) günstigere steuerliche Behandlung der Sozialversicherungsrenten dienten[166].

---

164 So *Brügelmann/Fuest*, StuW 2003, S. 338, 343; *Peffekoven*, ifo-Schnelldienst 21/2000, S. 3, 4.

165 Vgl. § 22 Nr. 1 S. 3 EStG.

166 So *Peffekoven*, ifo-Schnelldienst 21/2000, S. 3, 4; *Kroker/Fuest*, ifo-Schnelldienst 21/2000, S. 6.

Optiert man dagegen für ein vollständig vorgelagertes Verfahren im Sinne der Markteinkommenstheorie, so würden jedoch die gleichen Vorteile ebenfalls realisiert werden können. Auch bei der Umsetzung eines klassischen TEE-Systems (vorgelagertes Verfahren) wäre das intertemporale Korrespondenzprinzip gewahrt und bestehende systematische und dogmatische Brüche könnten beseitigt werden. Zwar würde für die Mitgliedstaaten bei der Umstellung auf dieses Konzept ein erheblicher verwaltungstechnischer Aufwand entstehen, doch stellt dieses Verfahrensproblem die grundsätzliche Sinnhaftigkeit eines derartigen Vorgehens nicht in Frage. Der Aspekt der Steuervereinfachung spricht also nicht zwingend und ausschließlich für das EET-Prinzip.

bb) Entscheidungsneutralität

Setzt man allerdings voraus, dass sich die Steuersätze während Beitrags- und Leistungsphase nicht bzw. nur unwesentlich unterscheiden, kann jedoch – wie *Brügelmann/Fuest* anschaulich nachweisen[167] – die Neutralität der Besteuerung des nachgelagerten Verfahrens im Hinblick auf die Entscheidung des Renteneintrittzeitpunkts belegt werden. Ein Steuersystem ist namentlich dann neutral, wenn es die von dem Wirtschaftssubjekt zu treffende Entscheidung nicht verzerrt[168]. In einer Welt mit Steuern darf also eine Entscheidung nicht anders ausfallen als in einer Welt ohne Steuern. Weder die Vorteilhaftigkeit einer Entscheidungsalternative noch die Rangfolge verschiedener Optionen darf durch die Besteuerung verändert werden[169]. Ansonsten wird eine effiziente Ressourcenallokation von sachfremden, irrationalen Erwägungen beeinflusst, was zu Wohlfahrtsverlusten führt.

---

167 Vgl. *Brügelmann/Fuest*, StuW 2003, S. 338, 340 ff.

168 Vgl. *K. Müller*, S. 10; *Zuber*, S. 48 f.

169 Vgl. *K. Müller*, S. 12.

Als maßgeblicher Beurteilungsmaßstab wird dabei der Kapital- bzw. Barwert einer Investitionsentscheidung verwandt. Dies vorausgeschickt, kann man herleiten, dass die Barwerte der gesamten Rentenbeiträge sowie der Rentenzahlungen bei einer konsumbasierten Rentenbesteuerung einander entsprechen[170]. Eine umfassend nachgelagerte Besteuerung der Alterseinkünfte verzerrt also nicht die Entscheidung über den Zeitpunkt des Renteneintritts. Dieser wird eher von der Höhe der Steuersätze während der Rentenbezugsdauer abhängen[171], nicht aber von der Besteuerung als solche. Das intertemporale Korrespondenzprinzip ist also auch bei der ökonomisch gebotenen Barwertbetrachtung vollumfänglich gewahrt. Ein analoges Vorgehen muss indes aber auch für das vorgelagerte Verfahren – im Sinne des TEE-Prinzips ohne Besteuerung der Anlageerträge – zu der Erkenntnis führen, dass als Konsequenz aus dem intertemporalen Korrespondenzprinzip das Kriterium der Entscheidungsneutralität erfüllt ist. Die zweifellos wichtige Eigenschaft der Entscheidungsneutralität, die das EET-Prinzip besitzt, ist damit ebenfalls nicht ausschlaggebend für den Nachweis seiner Überlegenheit gegenüber dem vorgelagerten Verfahren.

cc) Mikroökonomische Vorteile

Hilfreicher ist es da schon, weitere *ökonomische Wirkungen* einer reinen nachgelagerten, d.h. konsumbasierten Besteuerung der Altersbezüge einzubeziehen. Mikroökonomisch betrachtet fällt dabei zunächst – wie oben festgestellt – die effiziente Kapitalallokation ins Auge. Doch hilft dieses Argument nicht weiter, weil das TEE-Prinzip die intertemporale Konsumwahl gleichfalls nicht verzerrt. Darüber hinaus wäre es aber unmittelbare Folge einer reinen nachgelagerten Besteuerung, dass dem Steuerpflichtigen gegenüber je-

---

170 Vgl. *Brügelmann/Fuest*, StuW 2003, S. 338, 341.

171 Vgl. näher Kap. B. VI. 1. d) dd).

dem Verfahren, das zumindest teilweise vorgelagerte Besteuerungskomponenten enthält, ein höheres Netto-Einkommen verbleibt. Von politischer Seite wird darin freilich zunächst (nur) die Möglichkeit zum erleichterten Aufbau einer zusätzlichen privaten Altersvorsorge gesehen[172]. Dem ist sicherlich zuzustimmen, obwohl die eigentliche Ursache dafür tiefer liegt.

Bei der konsumbasierten, nachgelagerten Besteuerung treten insoweit nämlich zwei beachtenswerte Effekte auf, die diese Besteuerungsvariante gegenüber einer vorgelagerten Form vorteilhaftig erscheinen lassen: Unmittelbar einsichtig ist, dass bei Anwendung des konsumbasierten Verfahrens eine „Verschiebung" der Steuerzahlung in die Zukunft erfolgt, was auch als faktische „Steuerstundung" bezeichnen werden könnte. Wenn nun also während der Erwerbstätigkeit weniger Steuern gezahlt werden und die Steuererhebung erst bei Rentenbezug einsetzt, bedeutet dies aber, dass der Kapitalwert der über das gesamte Leben gezahlten Steuer geringer ist[173]. Mit anderen Worten: Für den Zensiten ist mit dem nachgelagerten Verfahren ein Zinsvorteil verbunden.

Setzt man weiterhin voraus, dass der durchschnittliche Arbeitnehmer kreditrestringiert ist, d.h. sich nicht in beliebiger Höhe verschulden kann, dann wird er diesen Vorteil in jungen Jahren seiner Erwerbstätigkeit für die Gründung einer Familie, den Immobilienerwerb und allgemein den Erwerb langlebiger und hochpreisiger Konsumgüter umso eher nutzen[174].

---

172 Vgl. dazu *Gebauer*, ifo-Schnelldienst 10/2002, S. 29, 33; ferner Wirtschafts- und Sozialausschuss, ABl. EG 2002 Nr. C 36/56.

173 Vgl. *Peffekoven*, ifo-Schnelldienst 21/2000, S. 3, 4; *Wiegard*, ifo-Schnelldienst 21/2000, S. 8, 11.

174 Vgl. *Richter/Wiegard*, Die Besteuerung deutscher Renten im Ausland – Effizienzorientierte Besteuerung von Renten bei Freizügigkeit –, in: VDR

Dieser Zinsvorteil wird noch dadurch flankiert und verstärkt, dass während des Rentenbezuges die Steuerprogression aufgrund eines geringeren Einkommens tendenziell eher abnimmt. Vorausgesetzt wird dabei natürlich, dass der Steuertarif nicht generell signifikant steigt. Neben den Zinseffekt tritt also auch ein Progressionseffekt, wenn man üblicherweise davon ausgeht, dass die Einkünfte während der aktiven Tätigkeit höher liegen als bei Rentenbezug.

Insgesamt tritt angesichts von Zins- und Progressionseffekt beim nachgelagerten Verfahren also eine „Steuerlastglättung" ein[175]. Diese beiden Effekte sind ursächlich dafür, dass ein Steuerpflichtiger beim nachgelagerten gegenüber einem vorgelagerten Verfahren jedenfalls nicht schlechter stehen kann. In einem Modell unter unsicheren Erwartungen bzgl. der Lebenserwartung ist deshalb das nachgelagerte Verfahren im Verhältnis zum vorgelagerten schwach dominant[176]. Mit Hilfe dieser mikroökonomischen Betrachtungen lässt sich daher die Überlegenheit einer nachgelagerten und damit einer konsumbasierten Rentenbesteuerung nachweisen.

dd) Makroökonomische Wirkungen

Es würde jedoch zu kurz greifen, die Betrachtung nur auf die Ebene des einzelnen Steuerpflichtigen zu begrenzen. Über die Summe der Einzelwirkungen hinaus sind bei einer vollständigen ökonomischen Analyse auch stets (weitere) makro-ökonomische Gesichtspunkte zu berücksichtigen. Diese werden deutlich, wenn man den Blick über die Gesamtheit der Erwerbstätigen schweifen lässt und sich die globalen Wirkungen einer konsumbasierten Besteuerung vergegenwärtigt. Makroökonomisch liegen diese darin, dass der Faktor

---

(Hrsg.), Besteuerung von Beiträgen und Leistungen in der Altersvorsorge, DRV-Schriften, Band 29, S. 143, 149.

175 Vgl. *Richter/Wiegard*, DRV-Schriften, Band 29, a.a.O.

176 Vgl. *Wosnitza,* Skript zur Hauptstudiumsvorlesung Einzelsteuern, S. 114.

„Arbeit" gegenüber der Anwendung einer vorgelagerten Rentenbesteuerung weniger mit Sozialabgaben belastet wird.

Tendenziell wird das Arbeitsangebot daher wegen insgesamt höherer Netto-Einkünfte also eher steigen, womit ein Absinken der Schwarzarbeit und damit die Schaffung von sozialversicherungspflichtigen Arbeitsplätzen korrespondieren[177].

Andererseits wird diese Wirkung noch dadurch verstärkt, dass der Eintritt in das vorzeitige Rentenalter durch dann einsetzende höhere steuerliche Abzüge unattraktiver gemacht wird. Hieraus folgt der Anreiz für eine tendenziell längere Lebensarbeitszeit, was vor dem Hintergrund der demographischen Entwicklung[178] und einer notwendigen Stabilisierung der Sozialversicherungssysteme unbedingt geboten ist. Zur Abfederung des sich abzeichnenden demographischen Problems für die gesetzliche Rentenversicherung trägt die nachgelagerte Besteuerung aber nicht nur unter diesem beschäftigungspolitischen Aspekt bei, sondern durch eine Verschiebung von Steuereinnahmen in spätere Perioden, in denen sich das Verhältnis von Beitragszahlern zu Zahlungsempfängern weiter verringert und unter Umständen die Aufrechterhaltung der Sozialversicherungssysteme aus Steuermitteln sichergestellt werden muss.

Insgesamt ist unter beschäftigungspolitischen wie fiskalischen Aspekten somit eine konsumbasierte Besteuerung ebenfalls einer vorgelagerten Variante vorzuziehen.

ee) Fazit

Aus der vorstehenden Betrachtung geht keine Beschränkung auf bestimmte Formen der Altersvorsorge hervor. Eine solche ist auch nicht notwendig, da die Vorzugswürdigkeit einer reinen konsumba-

177 Vgl. *Peffekoven*, ifo-Schnelldienst 21/2000, S. 3, 4.

178 Vgl. dazu die Ausführungen in Kap. B. II. 3. f).

sierten Rentenbesteuerung generell nachgewiesen wurde. Sinnvollerweise wäre somit eine Neuordnung auf alle drei Säulen der Altersvorsorge im Sinne der nachgelagerten Besteuerung zu erweitern und dabei jegliche Abzugsbegrenzungen – auch der Höhe nach – fallen zu lassen. Korrespondierend dazu sind dann aber auch alle Freibeträge etc. bei der Besteuerung der Rentenzahlungen zu streichen. Im Ergebnis muss also eine so verstandene Umsetzung der nachgelagerten Rentenbesteuerung drei Aspekte berücksichtigen:

1. Sie müsste alle Altersvorsorgebereiche sowohl gesetzlicher als auch betrieblicher sowie privater Natur betreffen.
2. Sie müsste vollumfänglich, d.h. ohne Beschränkungen der Abziehbarkeit von Beiträgen während der Erwerbstätigkeit, und ebenso ohne Begünstigungen bei der Besteuerung während der Rentenbezugsphase umgesetzt werden.
3. Sie müsste ohne Unterscheidung für alle Unionsbürger in gleichem Umfang gelten und auch ausländische Versorgungseinrichtungen mit inländischen gleichstellen.

Das EET-Prinzip wäre also in seiner Reinform zu realisieren. Dass dies nicht nur aus verfassungs- und gemeinschaftsrechtlicher Sicht eine überzeugende Lösung ist, sondern auch gegenüber allen anderen Systemen die ökonomisch empfehlenswerte Alternative darstellt, konnte in vergleichender Betrachtung nachgewiesen werden. Mit einer dementsprechenden Umsetzung in den Mitgliedstaaten wäre ein erster Schritt zur Verminderung von grenzüberschreitenden Konflikten – bei gleichzeitig größtmöglicher ökonomischer Effizienz – getan. Will die Gemeinschaft eine derartige Besteuerungsform „vorgeben", müsste dies im Rahmen einer Richtlinie geschehen, die auf Grundlage von Artt. 94 f. EG im Ministerrat einstimmig zu beschließen und zu erlassen ist. Die Hürden liegen damit sicherlich hoch, aber bei konstruktiver Auseinandersetzung mit den dargestellten rechtlichen und ökonomischen Erwägungen nicht unüberwindbar hoch.

Hinzuweisen ist schließlich noch auf einen letzten Aspekt, der, um die Betrachtung abzurunden, ein kurzes Verweilen wert ist. Steuersystematisch – auch unter dem besonderen Blickwinkel der Grundfreiheiten – wäre mit der nachgelagerten Besteuerung ein bedeutender Schritt getan; doch könnte zur Harmonisierung dieses Steuersegmentes innerhalb der Gemeinschaft auch eine Konvention bezüglich der auf die Alterseinkünfte zu erhebenden Steuersätzen zu treffen sein. Der freie Wirtschaftsverkehr sowie eine ungehinderte Gewährleistung der Freizügigkeit könnten auch durch unterschiedliche Steuersätze innerhalb der Gemeinschaft beeinträchtigt werden. Hierbei ist allerdings erneut zu unterstreichen, dass dies nicht Gegenstand und Anliegen der Grundfreiheiten ist, als sich wegen der Allgemeingültigkeit der Steuertarife eine Ungleichbehandlung zwischen Inländern und EG-Ausländern schon per se nicht feststellen lässt. Zudem könnte weitergehenden Bedenken durch die Einführung einer Quellenbesteuerung begegnet werden, wozu ausführlich in Kapitel C. Stellung genommen wird. Gleichwohl ist es ein politisches Anliegen, Steuersätze in Europa anzugleichen.

2. Europaweite Versorgungseinrichtung

Ein weiterer Schritt in Richtung Steuerrechtsharmonisierung könnte die Errichtung einer europaweiten Versorgungseinrichtung darstellen, welche von der die EU-Kommission in ihrer Mitteilung vom 19. April 2001 unterstützt wird[179].

a) Konzeption und Vorteile

Erklärtes Ziel soll es dabei sein, den Beschäftigten multinationaler Unternehmen die Möglichkeit zu eröffnen, unabhängig vom Ort ih-

179 Vgl. EU-Kommission, ABl. EG 2001 Nr. C 165/11 f.

rer Beschäftigung einer einzigen Altersvorsorgeeinrichtung anzugehören[180]. In diesem Ausgangspunkt liegt jedoch bereits eine Begrenzung auf bestimmte Arbeitnehmer, die typischerweise innerhalb *eines* Unternehmens europaweit eingesetzt werden, was die nachfolgenden Ausführungen der Kommission deutlich belegen[181]. Überdies erfährt der Gedanke einer europaweiten Versorgungseinrichtung auch dahingehend eine Eingrenzung, als er von der EU-Kommission nur für die betriebliche Altersvorsorge, auf die sich die gesamte Mitteilung ausschließlich bezieht, verfolgt wird.

Unter diesen Prämissen soll die Versorgungseinrichtung konzeptionell verschiedene „Sektionen" umfassen, die jeweils den Anforderungen an die steuerlichen Regelungen der Mitgliedstaaten entsprechen[182], sodass ein Arbeitnehmer bei Wechsel in einen anderen Mitgliedstaat lediglich einer anderen „Sektion" dieser Einrichtung zugeordnet würde und sich keinem neuen Versorgungsträger anschließen müsste. Aus verwaltungstechnischer Sicht würden hiermit eine Vielzahl von Versorgungseinrichtungen in einer Behörde zusammengefasst werden. Der Vorteil läge zum einen in der einfacheren Erfassung der steuerlich relevanten Tatsachen während der Beitragszahlung, ohne dass es zwischen den Mitgliedstaaten eines kostenintensiven Informationsaustausches bedarf, zum anderen aber auch in dem Versorgungsbezug von nur einem Träger.

b) Erweiterungsmöglichkeiten und Grenzen

Allerdings ist nicht erkennbar, warum dieses Modell allein auf die betriebliche Altersvorsorge und dabei vor allem auf multinational

---

180 Vgl. EU-Kommission, ABl. EG 2001 Nr. C 165/11.

181 Vgl. EU-Kommission, ABl. EG 2001 Nr. C 165/11, 2. Absatz („Wechselt das Mitglied im Zuge seiner Tätigkeit bei *dem* multinationalen Unternehmen in einen anderen Mitgliedstaat, …").

182 Vgl. EU-Kommission, a.a.O.

tätige Unternehmen zu beschränken ist. Eine solche Einrichtung könnte vielmehr allen Arbeitnehmern, die international tätig sind oder absehbar tätig sein werden, offen stehen.

Zwingende Gründe für die restriktive Sichtweise der Kommission liegen nicht vor. Einziger Erklärungsgrund könnte allenfalls in der inhaltlichen Begrenzung der bezeichneten Kommissionsmitteilung zu sehen sein. Insbesondere für die gesetzliche Alterssicherung bietet sich dieses Konzept auch an: Ob gesetzliche Rentenversicherungsträger nur national fungieren oder ob man ihre Tätigkeit erweitert auf den gesamten Gemeinschaftsraum, macht vielleicht einen quantitativen, aber keinen qualitativen Unterschied.

Ob allerdings für die private Altersvorsorge dieses Modell tauglich ist, könnte dagegen zweifelhaft sein. Private Anbieter können gesetzlich vor dem Hintergrund der verfassungs- und gemeinschaftsrechtlicher Vorgaben, insbesondere der Eigentumsgarantie sowie der Dienstleistungsfreiheit, wohl nur mit besonderer Rechtfertigung zu einer derartigen Erweiterung ihres Produktangebots verpflichtet werden. Die Einbeziehung privater Versorgungsunternehmen ist in diesem Punkt – wie auch im Rahmen der betrieblichen Altersvorsorge mit einer europaweiten Versorgungseinrichtung – noch nicht zu Ende gedacht. Freiwillige Lösungen sind natürlich jederzeit denkbar. Unbenommen bliebe es den Mitgliedstaaten zudem auch, für die private Vorsorge – wie für die betriebliche – eine solche Versorgungseinrichtung in staatlicher Trägerschaft zu errichten. Regelmäßig bauen die Möglichkeiten und Produkte der betrieblichen Alterssicherung auf denen der privaten Vorsorge auf bzw. sind sogar identisch[183], sodass insoweit kein qualitativer Unterschied besteht.

183 Hinter Pensionszusagen und Direktversicherungen stehen z.B. in der Regel Lebensversicherungen, die gleichermaßen auch zum privaten Vorsorgesparen genutzt werden.

Will man dagegen auf europäischer Ebene die Idee einer europaweiten Versorgungseinrichtung verwirklichen, stellt sich die Frage nach der Kompetenz der europäischen Gemeinschaft. Einzig über Artt. 94 f. EG und einen entsprechenden Richtlinienerlass könnte die Anerkennung einer solchen Versorgungseinrichtung europaweit durchgesetzt werden, wobei wiederum das Einstimmigkeitserfordernis im Rat ein erhebliches Hindernis darstellt.

Jenseits dieses bereits grundlegenden Problems sollte allerdings weiterhin beachtet werden, dass für jede „Sektion" ein anderes nationales Recht gilt, was innerhalb einer solchen Einrichtung naturgemäß einen erheblichen Personalaufwand bedingt, weil Fachkräfte für jedes nationale System benötigt werden. Im Ergebnis könnten daher die Synergie- und Vereinfachungseffekte begrenzt sein, zumal auch die Gefahr besteht, dass sich die einzelnen „Sektionen" zu faktisch eigenständigen Einrichtungen verselbstständigen und nicht mehr sinnvoll zusammenarbeiten. Nichtsdestotrotz offenbart sich hier ein Ansatz, der zur Harmonisierung auf dem Gebiet der Altersvorsorge beitragen kann. Ihn weiterzufolgen muss indes einem größeren Rahmen vorbehalten bleiben. Ergänzend zu einer konsumbasierten Rentenbesteuerung erscheint eine europaweite Versorgungseinrichtung jedoch sinnvoll.

VII. Ergebnis

Im Ergebnis ist aus den vorstehenden Erörterungen somit festzuhalten, dass grundsätzlich die Abziehbarkeit von Vorsorgeaufwendungen auch bei nur beschränkter Steuerpflicht den EG-Ausländern nicht versagt werden kann, soweit sie Inländern gewährt wird. Während das „Kohärenz"-Argument richtigerweise aufgegeben werden sollte, können in Ausnahmefällen allenfalls Rechtfertigungsgründe sozialpolitischer Natur Platz greifen. Um grenzüberschreitenden Konflikten vorzubeugen, sollte daher europaweit einheitlich eine reine nachgelagerte Rentenbesteuerung für Formen der Altersvorsorge unter vollem Abzug sämtlicher Vorsorgebeiträge eingeführt werden.

C. Steuerrechtliche Behandlung der Rentenzahlungen

Zugleich wäre mit der Entscheidung für ein europaweit konsumbasiertes Rentensteuersystem auch eine Festlegung auf eine volle Besteuerung der Rentenauszahlungen erfolgt. Unbeantwortet ist allerdings dabei bisher die Frage geblieben, *wer* die Rentenzuflüsse besteuern darf bzw. genauer: besteuern soll.

Dies mag auf den ersten Blick auch überflüssig klingen, als man verleitet ist anzunehmen, dass jeder Staat grundsätzlich die bei ihm ansässigen Rentner vollumfänglich seiner Besteuerung unterwerfen kann. So scheinbar selbstverständlich ist dies aber schon nicht mehr, wenn man sich den grenzüberschreitenden Sachverhalt vorstellt, dass mit Beginn oder während des Rentenbezuges ein Steuerpflichtiger in ein anderes Mitgliedsland erst zugezogen ist. Er müsste dann in diesem Staat seine Rente versteuern, obwohl er dort überhaupt nicht in den Genuss der Abzugsfähigkeit seiner Vorsorgebeiträge gekommen ist.

Im Lichte der Grundfreiheiten betrachtet bedeutet dies aber keine Beeinträchtigung, zumal eine Ungleichbehandlung im Vergleich zu den Inländern des Zuzugsstaats nicht vorliegt. Will man anders entscheiden und dem Zugezogenen dennoch eine Steuerbefreiung – trotz fehlenden Vorsorgeabzugs im Inland – zugestehen, müsste sich dieser den Vorwurf eines rechtsmissbräuchlichen Verhaltens, eines willkürlichen Ausnutzens der Grundfreiheiten gefallen lassen, weil er schließlich Vorteile, die er bereits in seinem Tätigkeitsstaat erhalten hat, quasi nochmals aufgrund des Zuzugs in Anspruch nehmen will. Andererseits aber – und dies wäre der entscheidende Aspekt – würden beim Zuzugsstaat, wenn ihm das Besteuerungsrecht der Altersbezüge zusteht, steuerliche Mehreinnahmen entstehen, während aus Sicht des Wegzugsstaats Mindereinnahmen durch die Gewährung des Werbungskosten- bzw. Sonderausgabenabzugs auftreten, dem keine Steuereinnahmen gegenüberstehen. An dieser Stelle ist daher u.U. korrigierend einzugreifen.

Als empfehlenswerter könnte es daher angesehen werden, das Besteuerungsrecht demjenigen Staat zuzuweisen, der den Vorsorgeabzug gewährt hat, also dem Tätigkeitsstaat des Steuerpflichtigen, in dem die „Quelle" seiner Alterseinkünfte liegt. Fiskalische Verwerfungen würden damit vermieden werden. Hiergegen könnte freilich eingewandt werden, dass sich die fiskalischen Wirkungen aufgrund von Wanderbewegungen innerhalb der Gemeinschaft auch ohne derartige Maßnahmen in Grenzen halten und eher unmerklich sein werden, da klassische Zuzugs- bzw. Wegzugsländer in der europäischen Gemeinschaft nicht existieren[184]. Sieht man angesichts dieser Überlegung also keine Notwendigkeit für die Zuweisung des Besteuerungsrechts an den Tätigkeitsstaat, könnten die Mitgliedstaaten nichtsdestotrotz dem Bestreben erlegen sein, ihren Einnahmeverlust, der durch ihren fehlenden Steuerzugriff auf im Ausland bezogene Alterseinkünfte entsteht, anderweitig auszugleichen. Darüber hinaus könnten auch rechtliche wie ökonomische Erwägungen bei innergemeinschaftlichen Situationen gegen die Vorzugswürdigkeit einer Besteuerung durch den Ansässigkeitsstaat sprechen. Selbst wenn sich alle Mitgliedstaaten strikt an das nachgelagerte Verfahren halten, wäre die Problematik der steuerlichen Behandlung der Alterssicherung also noch keinesfalls abschließend behandelt.

In Kapitel B. dieser Arbeit wurde offensichtlich nur geklärt, *wie* eine Alterseinkünftebesteuerung zu erfolgen hat, aber nicht *wer*, d.h. welcher Staat, die Alterseinkünfte besteuern darf. Es ist deshalb erforderlich, den Betrachtungshorizont zu erweitern und den Blick

---

184 Vgl. Kap. C. III. 6.

vom Beitragszahlungsaspekt auf die Besteuerungsseite zu lenken. Denn um fundierte Ergebnisse liefern zu können, müssen beide Seiten – Beitragszahlung *und* Rentenbezug – analysiert, gewichtet und deren Erkenntnisse systematisiert zusammengefasst werden.

I. Wohnsitz- und Quellenlandbesteuerung

Welchem Staat jeweils die steuerliche Erfassung der Rentenzahlung zusteht, kann allgemein nicht grundsätzlich beantwortet werden. Dies liegt daran, dass auf der einen Seite jeder Staat in Ausübung seiner hoheitlichen Souveränität und mangels entgegenstehender völkerrechtlicher Verbote alle in seinem Territorium Ansässigen – unabhängig von der Staatsangehörigkeit – mit ihrem gesamten Welteinkommen besteuern darf, was allgemein als Universalitätsprinzip bezeichnet wird[185]. Eine derartig unbeschränkte Souveränität – auch in steuerlicher Hinsicht – kann sich jedoch nur verwirklichen, wenn die der Besteuerungsgewalt zu unterwerfenden Personen überhaupt von dieser staatlichen Hoheitsgewalt erfasst werden. Es bedarf daher eines Anknüpfungspunkts, einer bestimmten Beziehung des Steuersubjekts zum Staat, damit diesem ein derartiges Besteuerungsrecht zugewiesen wird. Durch die *Staatsangehörigkeit* oder den *Wohnsitz* kann diese Verknüpfung vermittelt werden. Stellt man auf die Staatsangehörigkeit ab, wäre das Universalitätsprinzip in seiner Ausprägung der sog. *Herkunftslandbesteuerung* angesprochen, sodass ein Staat das Welteinkommen seiner Angehörigen unabhängig von deren Wohnsitz und ihrem Einkommensursprung seiner Steuerhoheit unterwerfen kann. Indes wird dieses sog. Personal- bzw. Herkunftslandprinzip im Wesentlichen einzig von den USA konsequent – und von Deutschland

185 Vgl. *Schaumburg*, Internationales Steuerrecht, § 13 Rn. 2.

nur in begrenzten Bereichen seines Außensteuerrechts – praktiziert[186] und soll aufgrund dieser fehlenden Relevanz für eine innergemeinschaftliche Betrachtung ausgeklammert werden. Erfolgt die Anknüpfung dagegen an den Wohnsitz, liegt das Universalitätsprinzip in der klassischen Form einer *Wohnsitzbesteuerung* vor.

Auf der anderen Seite folgt aus der territorialen Hoheit eines Staates aber zugleich das Recht, Einkünfte, deren Ursprung in seinem Staatsgebiet liegt, im Sinne einer sog. *Quellenlandbesteuerung* unabhängig von der Staatsangehörigkeit oder dem Wohnsitz zu erfassen[187]. Die Steuergewalt des Staates ist dabei freilich beschränkt auf sein Territorium, was auf den Anknüpfungspunkt der Belegenheit einer Sache bzw. der Einkünfteerzielung zurückzuführen ist. Der Grundsatz, dass irgendeine Beziehung zum Staat bestehen muss, damit dieser ein Besteuerungsrecht besitzt, ist hier also ebenfalls elementare Voraussetzung und als solche gewahrt.

Angesichts des grenzüberschreitenden Bezugs der vorliegenden Fallkonstellationen greifen Wohnsitz- und Quellenbesteuerung offensichtlich ineinander. Da beide nicht nur völkergewohnheitsrechtlich anerkannt sind, sondern zudem mit dem europäischen Gemeinschaftsrecht durch die Wahrung der Gleichbehandlung aller Unionsbürger in Einklang stehen, handelt es sich auch gerade im Rahmen der vorliegenden gemeinschaftsrechtlichen Betrachtung um die maßgeblichen Besteuerungsgrundsätze. Würden demnach Wohnsitz- und Quellenstaat ihr Besteuerungsrecht ausüben, hätte dies eine Doppelbesteuerung für den Bürger zur Folge, d.h., es würde eine kumulative Erhebung von Einkommensteuer von zwei

186 Vgl. *Heydt*, Die Besteuerung von Altersicherung im Ausland, in: VDR (Hrsg.): Besteuerung von Beiträgen und Leistungen in der Altersvorsorge, DRV-Schriften Band 29, S. 118, 124.

187 Vgl. *Ipsen*, § 23 Rn. 98; *Tipke/Lang*, § 2 Rn. 43 f.

verschiedenen Staaten auf dieselben Einkünfte derselben Person für denselben Besteuerungszeitraum erfolgen[188].

Dieses Problem würde sich grundsätzlich jedoch nicht stellen, wenn im konkreten Einzelfall eindeutige Normen für die Anwendung eines dieser beiden Besteuerungsrechte existierten. Im allgemeinen Völkerrecht wie im Gemeinschaftsrecht sucht man derartige Vorschriften allerdings vergeblich. Um eine Doppelbesteuerung zu vermeiden, wird deshalb typischerweise die Ausübung des Besteuerungsrechts durch Doppelbesteuerungsabkommen zwischen Wohnsitz- und Quellenstaat regelt. Dabei orientieren sich diese Abkommen überwiegend an dem OECD-Musterabkommen[189], in dem in Art. 18 OECD-MA festgelegt ist, dass „Ruhegehälter und ähnliche Vergütungen" vom Wohnsitzstaat zu besteuern sind. Die Regelung erstreckt sich ausschließlich auf private Ruhegehälter für früher ausgeübte unselbstständige Tätigkeiten[190], also insbesondere betriebliche Renten. Dagegen fallen Renten aus einer gesetzlichen Rentenversicherung nicht unter den Begriff der Ruhegehälter, werden indes aber häufig über die Auffangklausel des Art. 21 OECD-MA bzw. durch eine ausdrückliche Regelung der Wohnsitzbesteuerung unterstellt[191]. Den Abkommensstaaten steht es jedoch frei, dieses Musterabkommen zu übernehmen: Durch Vorbehalte gegenüber Art. 18 OECD-MA bzw. durch Zugrundelegung von Art. 19 II OECD-MA für Leistungen aus öffentliche Kassen, d.h. Ruhegehältern im öffentlichen Dienst, können die Staaten die Ausübung des Besteuerungsrechts auch dem Quellenstaat zuweisen. Komplikationen im Hinblick auf Mehrfachbesteuerungen können demzufolge nicht nur wegen der grundsätzlichen Möglichkeit oben

188 Vgl. *Schaumburg,* Internationales Steuerrecht, § 12 Rn. 3 ff.

189 Vgl. *Prokisch*, in: Vogel/Lehner, Art. 18 Rn. 2.

190 Vgl. *Baranowski*, S. 222 Rn. 552.

191 Vgl. *Baranowski*, S. 222 Rn. 552; *Kluge*, S. 906, S 310.

aufgezeigter, verschiedener steuerhoheitlicher Zugriffe auftreten, sondern sie resultieren zudem aus der Offenheit des OECD-Musterabkommens.

Dass gerade diese Offenheit unterschiedliche bilaterale Lösungen bedingt, liegt auf der Hand. Es kann deshalb auch nicht verwundern, dass beispielsweise die nordischen Staaten Finnland, Schweden, Dänemark sowie Belgien, Niederlande, Frankreich, Österreich und Italien in ihren Doppelbesteuerungsabkommen mit Deutschland für das Quellenprinzip bei der Besteuerung der Sozialversicherungsrenten optiert haben, während der Wohnsitzstaat entsprechende Einkünfte steuerfrei stellt, um eine Doppelbesteuerung zu vermeiden[192]. Im Übrigen folgen die Doppelbesteuerungsabkommen der Bundesrepublik mit anderen europäischen Staaten sowie mit den USA und Japan dem Musterabkommen, also dem Wohnsitzprinzip.

II. Problemkonstellationen

Zu unterscheiden sind insoweit bei der Rentenauszahlung zwei denkbare Konstellationen: Zum einen können Rentenzahlungen an inländische Steuerpflichtige aus dem Ausland erfolgen; zum anderen können Zahlungen aus dem Inland an Steuerpflichtige im Ausland stattfinden. Unter den obigen Vorgaben sind diese beiden Fallkonstellationen zu beurteilen.

192 Vgl. *Prokisch*, in: Vogel/Lehner, Art. 18 Rn. 31. Siehe ferner zu den Methoden der Vermeidung einer Doppelbesteuerung, namentlich Freistellungs-, Anrechnungs-, Pauschalierungs-, Abzugs- und Erlassmethode, im Einzelnen *Schaumburg*, Internationales Steuerrecht, § 14 Rn. 15 ff.

1. Zahlung von Renten an inländische Steuerpflichtige aus dem Ausland

Wendet man sich zunächst der Situation eines inländischen Steuerpflichtigen, der seine Alterseinkünfte aus dem Ausland bezieht, dann bestünde grundsätzlich für den auszahlenden Staat angesichts seiner territorialen Hoheit und der Tatsache, dass die Quelle für die Alterseinkünfte durch eine Tätigkeit in seinem Hoheitsgebiet begründet wurde, die Möglichkeit, die Alterseinkünfte mit einer Quellensteuer zu belegen. Zugleich wäre der Bürger aber im Ansässigkeitsstaat unbeschränkt steuerpflichtig, weswegen auf diese Einkünfte auch vom Wohnsitzstaat Steuern erhoben werden könnten. Die Anwendungsbefugnis für die Steuererhebung kann – wie gesehen – durch ein Doppelbesteuerungsabkommen erklärt werden. Da aber die Doppelbesteuerungsabkommen im Gemeinschaftsraum hinsichtlich der steuerlichen Behandlung der Alterseinkünfte gerade keiner einheitlichen Struktur folgen, gestaltet sich die gegenwärtige Besteuerungspraxis je nach Doppelbesteuerungsabkommen im Sinne des Quellenland- bzw. Wohnsitzprinzips.

Teilweise wird dekretiert, dass für Privatpersonen überwiegend eine Wohnsitzbesteuerung greift, während das Quellenland auf die Besteuerung der Einkünfte verzichtet bzw. die dort gezahlte Steuer im Wohnsitzland angerechnet wird[193]. In dieser Allgemeinheit kann die Aussage sicherlich nicht belegt werden. Vielmehr scheinen durch das Abkommensrecht die Ausübung der Besteuerungsrechte hinsichtlich von Alterseinkünften nahezu hälftig zwischen Wohnsitz- und Quellenstaat verteilt[194]. Eine klare Aussage in dieser Fallkonstellation hinsichtlich der Anwendbarkeit eines mitgliedstaatlichen Steuerrechts kann daher nicht getroffen werden.

---

193 So *Brügelmann/Fuest*, Besteuerung der Altersvorsorge und Alterseinkünfte, S. 47; Sachverständigenkommission, S. 84.

194 Vgl. *Prokisch*, in: Vogel/Lehner, Art. 18 Rn. 26 und 31.

2. Zahlung von Renten an Steuerpflichtige im Ausland

Analog gestaltet sich die Situation eines Steuerpflichtigen, der seine Rente in einem anderen Staat als seinem Tätigkeitsstaat bezieht, in dem er die Vorsorge herkömmlich aufgebaut hat. Auch für die Zahlungen an diese im Ausland befindlichen Personen gilt das eben Festgestellte: Sowohl Quellen- als auch Wohnsitzstaat können grundsätzlich diese Alterseinkünfte steuerlich erfassen. Welches Steuerrecht dann tatsächlich für anwendbar erklärt wird, hängt wiederum von dem jeweiligen Doppelbesteuerungsabkommen ab.

3. Gemeinsamkeiten – fiskalische und individuelle Wirkungen

Im Ergebnis sind diese Konstellationen in ihren Wirkungen allerdings identisch. Es handelt sich faktisch um einen einzigen Sachverhalt, der lediglich aus diametralen Blickwinkeln betrachtet wird – einmal unter C. II. 1. aus Sicht des Zahlungsempfangs, dagegen unter C. II. 2. aus der Perspektive der grenzüberschreitenden Zahlungsleistung. Bei Anwendung von Wohnsitz- bzw. Quellenlandbesteuerung ergeben sich demgemäß einheitliche Ergebnisse:

Legt man eine nachgelagerte Wohnsitzbesteuerung zugrunde, so führt diese zu steuerlichen Mehreinnahmen des Wohnsitzstaats und Mindereinnahmen des Quellenstaats, weil dort typischerweise der steuermindernde Vorsorgeabzug gewährt wurde.

Ausgleichende fiskalische Wirkung läge demgegenüber bei der ausschließlichen Erhebung einer Quellensteuer vor. Wenn man keine sich kompensierenden zwischenstaatlichen Wanderungsbewegungen annimmt und weitere Überlegungen freilich unberücksichtigt lässt, wäre die Quellenlandbesteuerung unter dem fiskalischen Aspekt die scheinbar sachgerechtere Lösung.

Ferner müsste man die Situation der Leistungsbezieher, also der Rentner, mit in die Betrachtung einstellen. An sich könnte man meinen, dass die Rentner in einem europaweiten System nachgelagerter Rentenbesteuerung bezüglich Wohnsitz- oder Quellensteuer indifferent sein müssten, da ihre Bezüge in jedem Fall nur einmal besteuert würden. Ohne an dieser Stelle bereits näher in eine Analyse der mikroökonomischen Wirkungen beider Besteuerungsvarianten einzusteigen, hätte eine nachgelagerte Quellenbesteuerung der Altersbezüge aber gegenüber einer unbeschränkten Wohnsitzbesteuerung den wesentlichen Vorteil niedrigerer Durchschnittssteuersätze: Bei einer ausschließlichen Quellenbesteuerung der Alterseinkünfte würde bei Rentenbezug aus mehreren Staaten die Steuerprogression unterlaufen werden können[195], sodass insgesamt ein Steuerpflichtiger bei Verteilung seines Vermögens auf mehrere Länder jedenfalls im Vergleich zu einer Wohnsitzbesteuerung, die gemäß des Universalitätsprinzips die Steuerhoheit des Ansässigkeitsstaats auf sein gesamtes Welteinkommen ausweiten würde, nicht schlechter stehen kann.

Unter diesem steuerlichen Aspekt wäre der Bürger daher keineswegs gleichgültig, sondern würde die Quellensteuer einer Wohnsitzbesteuerung jederzeit vorziehen. Eine jedenfalls schwache Dominanz der Quellensteuer zeichnet sich damit ab. Denkbare Doppelbesteuerungen könnten für den Bürger bei einem Wechsel von vor- in nachgelagerte Besteuerungssysteme unter Zugrundelegung einer Wohnsitzbesteuerung auftreten, wenn beide Verfahren in der Gemeinschaft weiterhin praktiziert würden. Unter der Annahme einer einheitlichen konsumbasierten Rentenbesteuerung ist dieses Szenario jedoch ausgeschlossen und spricht nicht gegen eine

195 Vgl. *Richter/Wiegard*, Die Besteuerung deutscher Renten im Ausland – Effizienzorientierte Besteuerung von Renten bei Freizügigkeit –, in: VDR (Hrsg.), Besteuerung von Beiträgen und Leistungen in der Altersvorsorge, DRV-Schriften, Band 29, S. 143, 146.

Wohnsitzbesteuerung. Dagegen könnte durch diese Besteuerungsvariante allerdings eine Beeinflussung der Wohnsitzwahl des Bürgers vorliegen, worauf ebenfalls neben weiteren Erwägungen noch genauer zurückzukommen sein wird[196].

Insgesamt deutet sich damit aber an, dass die Wohnsitzentscheidung nicht ausschließlich von rationalen Erwägungen geleitet, sondern von verzerrend wirkenden völkervertraglichen Steuerabkommen gelenkt wird. Zwischenstaatlich-fiskalische Effekte und individuelle Einwirkungen bedingen somit eine weitere Untersuchung. Es zeigt sich, dass eine *einheitliche* Lösung der Frage, welches Steuerrecht – von Wohnsitz- oder Quellenstaat – zur Anwendung kommen soll, vor diesem Hintergrund wünschenswert ist.

III. Problembewältigungsstrategien

Klärungsbedürftig ist hierfür, welche Lösungsstrategien sich konkret anbieten und wie sie zu beurteilen sind.

1. Änderung der Doppelbesteuerungsabkommen

Will beispielsweise einer der beteiligten Mitgliedstaaten Steuermindereinnahmen in den obigen Konstellationen nicht hinnehmen, besteht zunächst die Möglichkeit der Änderung entsprechender Doppelbesteuerungsabkommen.

Von der *Sachverständigenkommission zur Neuordnung der steuerlichen Behandlung der Alterseinkünfte* wurde diese Idee ebenfalls als Empfehlung für den Gesetzgeber aufgegriffen und eine Quellensteuer auf Alterseinkünfte vorgeschlagen, um fiskalischen Aus-

196 Vgl. Kap. C. III. 5. b) bb).

fällen bei grenzüberschreitenden Sachverhalten zu begegnen[197]. Aus Sicht des internationalen Steuerrechts ist dies sicherlich ein durchaus praktikabler Weg, der zudem mit der gemeinschaftsrechtlich geforderten Gleichbehandlung von Inländern und EG-Ausländern vereinbar ist. Wie gesehen wird in Richtung einer Quellensteuer auch schon bereits von nahezu der Hälfte aller deutschen sowie fast ausschließlich aller skandinavischen Doppelbesteuerungsabkommen operiert. Dieser Weg führt jedoch stets nur zu bilateralen Lösungen und könnte damit den Weg zu einer europaeinheitlichen Regelung verstellen. So wünschenswert eine solche auch sein mag, ist sie doch schwer zu realisieren: Ist sie dennoch das Ziel der Gemeinschaft – und sollte sie es sein, müsste diese Umsetzung auf dem Gebiet des Steuerrechts durch eine Richtlinie erfolgen, die nur auf Grundlage von Artt. 94 f. EG erlassen werden könnte. Da hierfür allerdings die Einstimmigkeit im Ministerrat Voraussetzung ist, könnten divergierende nationale Interessen indes entgegenstehen. Die abkommensrechtliche Problembewältigung wäre von den Realisationschancen her gesehen die einfachere Variante. Sie hat jedoch den Nachteil, dass ständige Anpassungen und Justierungen erforderlich sind.

2. Wohnsitzbesteuerung

Um dies zu verhindern, könnte stattdessen die Einführung einer einheitlichen europaweiten Quellenbesteuerung oder möglicherweise einer Wohnsitzbesteuerung vorzugswürdig sein. Die eben aufgezeigten Umsetzungsprobleme auf EU-Ebene sollten allerdings kein Hinderungsgrund sein, per se von einer rechtlichen und ökonomischen Vorteilhaftigkeitsbeurteilung Abstand zu nehmen. Jenseits der oben beschriebenen Charakteristika kommt es somit auf die weiteren Vorzüge beider Alternativen an.

---

197 Vgl. Sachverständigenkommission, S. 83.

Für die Wohnsitzbesteuerung wird in diesem Zusammenhang häufig vorgebracht, dass sie die persönlichen Verhältnisse des Steuerpflichtigen durch einfachere Informationserhebungsmöglichkeiten aufgrund der örtlichen Nähe am ehesten zutreffend erfassen könne[198]. Diese Argumentation ist nicht neu, ist sie doch im Laufe der Untersuchung im Rahmen der „Schumacker-Entscheidung" schon erörtert worden[199]. In diesem Kontext wurde aber auch herausgearbeitet, dass dieses Argument bei nahezu ausschließlicher Einkünfteerzielung in einem anderen als dem Ansässigkeitsstaat leer läuft. Wer diesen Fall freilich als Ausnahme ansieht, wird die bessere Berücksichtigungsfähigkeit persönlicher Umstände dennoch nicht zwingend als Erwägung für die Wohnsitzbesteuerung ausblenden. Unterstrichen werden muss aber, dass selbst dann der Gedanke einer überlegenen Beschaffung steuerlicher Informationen nicht überzeugend ist: Die Amtshilferichtlinie sowie Informationskonsultationen zwischen den Mitgliedstaaten sowie die persönliche Mitwirkungspflicht des Steuerpflichtigen setzen jede Steuerbehörde in den Stand, auch nichtansässige Personen ihren persönlichen Verhältnissen entsprechend zu veranlagen.

Ein wesentliches Merkmal der Wohnsitzbesteuerung und damit einer Besteuerung nach dem Universalitätsprinzip ist allerdings, dass *Kapitalexportneutralität* bzw. *Produktionseffizienz* vorliegt, wenn Doppelbesteuerungen – wie überwiegend – im Rahmen der Anrechnungsmethode begegnet wird[200]. Indem also mit dem Welteinkommensprinzip die Anrechnungsmethode regelmäßig angewandt wird und damit im Ausland gezahlte Steuern auf die inländische

198 So das Finanzamt Köln-Altstadt sowie die deutsche und französische Regierung im „Schumacker"-Verfahren, vgl. dazu den Schlussantrag des Generalanwalts *Léger*, EuGH, Rs. 279/93 („Schumacker"), Slg. 1995, I-225, 243, Rn. 79.

199 Siehe Kap. B. II. 2. c).

200 Vgl. *Vogel*, in: Vogel/Lehner, Einl. Rn. 25 und Art. 23 Rn. 7.

Steuerschuld angerechnet werden, kommt das inländische Steuerniveau unabhängig von der Herkunft der Einkünfte zur Anwendung, sodass auch ausländische Einkommensteile mit der inländischen Steuer belastet werden[201].

Das Steuerrecht beeinflusst insoweit folglich nicht die Entscheidung des inländischen Investors, ob er sein Kapital im Inland oder Ausland anlegt. Wettbewerbsverzerrungen im Inland sind in dieser Hinsicht damit ausgeschlossen, woraus die Neutralität des Kapitalexports resultiert. Da sich dieser durch eine Wohnsitzbesteuerung unbeeinflusst vollziehen kann, werden Investitionen auch in die weltweit renditeträchtigsten Anlagemöglichkeiten fließen. Dabei werden sich die Netto-Renditen der Investitionsobjekte anpassen, sodass es insgesamt zu einer Angleichung der Grenzproduktivitäten der Produktionsfaktoren kommt und damit Produktionseffizienz erreicht wird, die inhaltlich mit der Kapitalexportneutralität identisch ist. Es handelt sich bei Kapitalexportneutralität und Produktionseffizienz lediglich um eine abweichende Begrifflichkeit zwischen Finanzwissenschaft und betrieblicher Steuerlehre[202]. Maximiert jeder Investor demgemäß seinen persönlichen Gewinn und folglich auch sein persönliches Einkommen, dann führt dies in der Summe bezogen auf das Welteinkommen ebenfalls zu einer Maximierung dieser Zielgröße[203].

Das Charakteristikum der Kapitalexportneutralität ist für die Besteuerung nach dem Welteinkommensprinzip angesichts dieser öko-

---

201 Vgl. *Schaumburg*, Internationales Steuerrecht, § 14 Rn. 16 f., wobei in einem System der Wohnsitzbesteuerung nach Welteinkommensprinzip aber auch die übrigen Methoden zur Vermeidung der Doppelbesteuerung auftreten können.

202 Vgl. *Zuber*, S. 47-52.

203 Vgl. *Brügelmann/Fuest*, Besteuerung der Altersvorsorge und Alterseinkünfte, S. 48.

nomischen Wirkungen daher von weitreichender Bedeutung. Wenngleich im bisherigen Gang der Darstellung eher kritische Töne hinsichtlich dieser Art der Erteilung des steuerlichen Rechtsanwendungsbefehls vernommen werden konnten, sprechen dennoch durchaus gewichtige Gründe für die Wohnsitzbesteuerung. Für die Rentenbesteuerung sollten diese Erwägungen nicht außer Acht gelassen werden.

Voraussetzung ist allerdings, dass der Bürger bezogen auf seine Rentenansprüche auch als Investor begriffen werden kann. Dies ist durchaus fragwürdig. Denn bzgl. des Erwerbs gesetzlicher Rentenansprüche kann davon eigentlich nicht gesprochen werden. Zumal es sich vielmehr um Pflichtbeiträge handelt, liegt jedenfalls keine willentliche Vermögensanlage vor; eine bewusste Anlageentscheidung müsste allenfalls fingiert werden[204]. Selbst wer davon ausgeht, müsste eingestehen, dass über ein in der gesetzlichen Rentenversicherung gebundenes Vermögen typischerweise nicht verfügt werden kann. Ebenso wenig besteht die Dispositionsbefugnis über betriebliche Versorgungsansprüche in Form von Abtretungen etc., was regelmäßig in deren Ausschluss der Verpfändbarkeit bzw. Abtretbarkeit begründet liegt[205]. Jedoch kann über Ansprüche aus einer privaten Altersvorsorge regelmäßig disponiert werden, weshalb der Bürger jedenfalls in dieser Hinsicht als gewinnmaximierender Investor angesehen werden kann. In diesem Fall liegt eine willentliche Anlageentscheidung ohne Einschränkung der jederzeitigen Zugriffsrechte vor. Das Konzept einer Wohnsitzbesteuerung hat unter diesem Blickwinkel somit (jedenfalls) seine ökonomische Berechtigung.

---

204 Zutreffend *Richter/Wiegard,* Die Besteuerung deutscher Renten im Ausland – Effizienzorientierte Besteuerung von Renten bei Freizügigkeit –, in: VDR (Hrsg.), Besteuerung von Beiträgen und Leistungen in der Altersvorsorge, DRV-Schriften, Band 29, S. 143, 145.

205 Dies entspricht den üblichen Vereinbarungen bei Pensionszusagen, Direktversicherungen etc.

3. Quellenlandbesteuerung

Demgegenüber wurden für eine Quellenlandbesteuerung bereits verschiedene Vorzüge ins Feld geführt. Neben der Kompensation fiskalischer Einnahmeverluste des Leistungsstaats zeichnet sich diese Besteuerungsform insbesondere dadurch aus, dass progressive Steuertarife nicht ihre volle Wirkung entfallen können, wenn Rentner aus mehreren Ländern Renteneinkünfte beziehen und die Summe dieser Einkünfte nicht an einem Ort, ihrem Wohnsitz, versteuern müssen, sondern durch den bloßen Quellenabzug progressive Steuertarife zumindest teilweise unterlaufen können. Von den Befürwortern der Steuerprogression wird dieser Gedanke freilich genau umgekehrt und als wesentlicher Kritikpunkt einer Quellenbesteuerung ausgelegt[206].

Gegen diese verwandt wird auch der Umstand, dass Kapitalexportneutralität gerade nicht gewahrt werde, die unter volkswirtschaftlichen Gesichtspunkten – wie gesehen – eine bedeutsame Funktion innehat[207]. An dieser Tatsache besteht gewiss kein Zweifel, auch nicht daran, dass damit Verzerrungen der Kapitalallokation und des Wettbewerbs im Inland auftreten können.

Verantwortlich dafür ist im Gegensatz zur Wohnsitzbesteuerung aber auch ein schon grundlegend verschiedener Ausgangspunkt: Die Quellenlandbesteuerung wird bekanntlich geleitet von der Gebietshoheit eines Staates. Diesem sog. Territorialitätsprinzip wird im

---

206 So *Richter/Wiegard,* Die Besteuerung deutscher Renten im Ausland – Effizienzorientierte Besteuerung von Renten bei Freizügigkeit –, in: VDR (Hrsg.), Besteuerung von Beiträgen und Leistungen in der Altersvorsorge, DRV-Schriften, Band 29, S. 143, 146; *Brügelmann/Fuest,* Besteuerung der Altersvorsorge und Alterseinkünfte, S. 48 f.

207 Vgl. *Richter/Wiegard,* Die Besteuerung deutscher Renten im Ausland, in: VDR (Hrsg.), DRV-Schriften, Band 29, a.a.O.; *Brügelmann/Fuest,* Besteuerung der Altersvorsorge und Alterseinkünfte, a.a.O.

Zusammenspiel mit der Freistellungsmethode zur Vermeidung von Doppelbesteuerungen zur Geltung verholfen[208]. Aus der Besteuerungsgrundlage werden im Rahmen der Freistellungsmethode die im Ausland erzielten, mit Quellensteuer belegten Einkünfte ausgeschieden, sodass diese ausschließlich mit dem ausländischen Steuerniveau belastet werden. Damit wird auf ausländischen Märkten ein unverzerrter Wettbewerb für alle Teilnehmer ermöglicht, was auch als *Kapitalimportneutralität* bezeichnet wird[209]. Der Vorwurf fehlender Kapitalexportneutralität einer Quellensteuer soll in diesem Konzept also per se schon nicht ausgeräumt werden, weil die Zielrichtung eine andere ist. Ein inländischer Investor würde also bei einem Auslandsengagement durch eine Quellensteuer kombiniert mit der Freistellung ausländischer Einkünfte in seinem Ansässigkeitsstaat die gleichen steuerlichen Wettbewerbsbedingungen genießen wie ausländische Investoren.

Überträgt man diese Erkenntnisse auf die gegenständliche Rentenproblematik erscheint zunächst fraglich, worin die gegenüber dem Progressionsargument weitere Relevanz einer Quellenbesteuerung für den Bürger liegen soll. Ist der Bürger Investor auf ausländischen Märkten, für den dort Quellensteuer im Ausland und Freistellung ausländischer Einkünfte im Inland gleiche Wettbewerbsbedingungen schaffen sollen? Man wird diese Frage mit „Ja" beantworten müssen! Wer es ernst meint mit einem einheitlichen europäischen Wirtschaftsraum, muss es dem Bürger auch freistellen, wo er seine Altersvorsorge abschließt. Da dieser – wie unter C. III. 2. gesehen – nur die Dispositionsbefugnis über seine privat erworbenen Vorsorgeansprüche besitzt, kann er jedenfalls auch in dieser Hinsicht als Kapitalanleger angesehen werden.

---

208 Vgl. *Schaumburg*, Internationales Steuerrecht, § 14 Rn.17.

209 Vgl. *Lornsen*, S. 39 ff.; *Gandenberger*, in: Grundfragen des Internationalen Steuerrechts, S. 33, 35 f.

Was bei einer Quellenbesteuerung gegenüber der Wohnsitzbesteuerung indes zu beachten ist, sind die verfahrensrechtlichen Aspekte der Durchsetzung des Quellenzugriffs. Sollte der Bürger während des Rentenbezugs in einem anderen Mitgliedsstaat als demjenigen weilen, der ihm den steuermindernden Vorsorgeabzug gewährt hat, könnte dieser Staat Schwierigkeiten bei der Durchsetzung des Quellenabzugs haben. Die Probleme könnten zudem noch dadurch verschärft werden, dass die Altersvorsorge bei einem Anbieter in einem Drittstaat abgeschlossen wurde. Das europäische Gemeinschaftsrecht stellt für eine effektive Quellenbesteuerung jedoch mit der Beitreibungsrichtlinie 2001/44 EG vom 15. Juni 2001 hinreichende Instrumentarien bereit, innerhalb der Staatengemeinschaft diesen Steueranspruch zu realisieren.

Weitergehend wird von der *Sachverständigenkommission zur Neuordnung der steuerlichen Behandlung der Alterseinkünfte* sogar vorgeschlagen, dass im Zweifel ausländische Versorgungsanbieter verpflichtet werden könnten, entsprechende Abschläge der Auszahlungsbeträge vorab einzubehalten und an den jeweils steuererhebungsberechtigten Staat abzuführen[210]. Dies entspringt scheinbar einem praktischen Bedürfnis. Ähnliche Tendenzen zeigen sich aber schon in der „Bachmann"-Entscheidung, als der Gerichtshof diskutierte, ob nicht eine Selbstverpflichtung der Versicherer zur Zahlung der Steuer auf Lebensversicherungsleistungen eine hinreichende Garantie für die Verwirklichung der „Kohärenz" einer Steuerregelung darstelle und es folglich der Verweigerung des steuerlichen Vorsorgeabzugs bei Beitragszahlung an ausländische Anbieter nicht bedürfe[211]. Der Europäische Gerichtshof hat diese Erwägungen im Ergebnis mit dem Hinweis auf die unsichere Durchsetzung der steuerlichen Erhebung bei Verweigerung der

210 Vgl. Sachverständigenkommission, S. 83.

211 Siehe EuGH, Rs. C-204/90 („Bachmann"), Slg. 1992, I-249, 283, Rn. 24.

Versicherungen abgelehnt. Inzident hat er damit aber zu erkennen gegeben, dass prinzipiell die Einbehaltung und Abführung der Steuer von Versicherungen ein gangbarer Weg ist. Ein Verstoß gegen die Grundfreiheiten wäre bei einer solchen „Abgeltung“ bei Auszahlung der Leistungen durch den Anbieter auch evident nicht ersichtlich. In Anbetracht der mittlerweile erweiterten Beitreibungsrichtlinie hinsichtlich des Kapitaleinkommens ist dieser Weg gegenwärtig umso mehr zulässig und müsste vom Europäischen Gerichtshof heute anders als in der „Bachmann“-Entscheidung beurteilt werden. Auch aus diesem Grunde wäre heutzutage die Versagung eines steuermindernden Abzugs unter dem Gesichtspunkt der „Kohärenz“ einer Steuerregelung schon nicht mehr zu rechtfertigen.

Insgesamt wäre eine Quellensteuer daher unter den erörterten fiskalischen, persönlichen wie verfahrenstechnischen Aspekten positiv zu bewerten.

4. Wegzugsbesteuerung

Im Gegensatz zu einer Wohnsitzbesteuerung nach dem Welteinkommensprinzip eröffnet eine Quellensteuer dem Bürger also dahingehend Verhaltensalternativen, dass er sich bestimmten Steuerbelastungen zu entziehen vermag. Zugleich gelingt es dem Fiskus, Einnahmeverluste durch fehlenden Steuerzugriff im Ausland im Falle eines Wegzugs des Bürgers zu verhindern. Statt einer Änderung von Doppelbesteuerungsabkommen oder der Entscheidung für eine Quellensteuer kann dem nationalen Gesetzgeber auch ein weiterer Weg aufgezeigt werden: Geht man davon aus, dass ein Mitgliedstaat dem Bürger mit dem Abzug von Altersvorsorgeaufwendungen Steuer- und Zinsvorteile nur aufgrund einer „Gegenleistung“ in Form eines späteren steuerlichen Zugriffs gewähren will, dann erscheint es nahe liegend, bereits erhaltene Vorteile doch dann zurückzufordern, wenn der Steuerpflichtige das Mitgliedsland verlässt. Realisierbar wäre ein solches Vorgehen durch die Einführung einer sog. „Wegzugsbesteuerung“[212]. Weil mit hinreichender Sicherheit davon ausgegangen werden kann, dass bei Wegzug auch die Alterseinkünfte nicht im Wegzugsstaat bezogen werden und dessen steuerliche Zugriffsmöglichkeiten erlöschen, ist ein vitales fiskalisches Präventionsbedürfnis erkennbar.

Obwohl von der *Sachverständigenkommission zur Neuordnung der steuerlichen Behandlung der Alterseinkünfte* diese Möglichkeit richtigerweise als weitere Verfahrensvariante aufgezeigt wurde, vermisst man in dem Gutachten eine Herausstellung, wenigstens eine Andeutung ihrer Vorzüge. Diese werden schnell deutlich, wenn man sich die praktischen Auswirkungen vergegenwärtigt: Gegenüber einer Änderung der Doppelbesteuerungsabkommen stellt sie eine unilaterale Maßnahme dar, die keiner bilateralen Konvention bedarf, und mithin einfacher und schneller umsetzbar ist. Die Wegzugsbesteuerung besitzt ebenso gegenüber einer Quellensteuer einen entscheidenden ökonomischen Vorteil, als sie aus fiskalischer Sicht die gewährten Steuervorteile umgehend zurückfließen lässt und nicht erst wie bei Quellenabzug einen zeitlich oftmals wesentlich späteren positiven fiskalischen Effekt hervorruft. Für den Mitgliedstaat ist mit anderen Worten der Barwert einer Wegzugsteuer größer als der einer Quellensteuer. Hierauf basiert letztlich die (häufige) Favorisierung einer derartigen Lösung durch die politischen Entscheidungsträger. Exemplarisch sei nur auf § 6 I 1, 2 AStG verwiesen, der die Besteuerung eines Gesellschafters hinsichtlich seiner Anteile an einer Kapitalgesellschaft für den Fall seines Wegzugs ins Ausland vorsieht. Obwohl keine Veräußerung der Anteile stattgefunden hat, ist dennoch § 17 EStG mit der Folge einer „Steuerentstrickung“ anzuwenden (vgl. § 6 I 2 AStG). Nicht realisierte Wertzuwächse sind demnach zu versteuern.

---

212 Vgl. Sachverständigenkommission, S. 84.

Eine Wegzugsbesteuerung ist im nationalen Recht vor diesem Hintergrund keine Ungewöhnlichkeit, im Gegenteil: Wegen der steuerlichen Vorteile für den Staat sowie insbesondere ihrer Vorteilhaftigkeit gegenüber einer Quellensteuer wird sie gern angewandt.

a) Beeinträchtigung von Artt. 18, 39 und 43 EG

Immanent sind in ihr damit aber auch Bedenken angelegt. Typischerweise ist mit der Wegzugsbesteuerung ein grenzüberschreitender Bezug gegeben, der unmittelbar den Anwendungsbereich der Grundfreiheiten als Beurteilungsmaßstab eröffnet. Bedeutung für die vorliegende Fragestellung erlangt insoweit vor allem die Arbeitnehmerfreizügigkeit (Art. 39 EG), die Niederlassungsfreiheit (Art. 43 EG) sowie die allgemeine Freizügigkeit (Art. 18 EG)[213]. Anhaltspunkte für die Betroffenheit der übrigen Grundfreiheiten liegen nicht vor.

Falls der Wegzug aus beruflichen Gründen erfolgt, ist entweder bei abhängiger Beschäftigung die Arbeitnehmerfreizügigkeit bzw. bei Selbstständigkeit die Niederlassungsfreiheit einschlägig[214]; ansonsten ist das allgemeine Freizügigkeitsrecht berührt. Dies folgt daraus, dass bei einer Wegzugsbesteuerung eine Rückforderung der durch den steuerlichen Abzug der Altersvorsorgeaufwendungen erlangten Steuer- und Zinsvorteile stattfindet, die potenziell geeignet ist, Personen von einem Wegzug abzuhalten[215]. Die Wegzugsbesteuerung hat unter diesem Blickwinkel eine „abschreckende Wirkung“ hinsichtlich einer Wohnsitzverlegung, wie der Europäische Gerichtshof in seinem jüngsten steuerrechtlichen Urteil zutref-

---

213 Vgl. zu den grundlegenden Bedenken einer solchen Besteuerung im Lichte der EG-Grundfreiheiten *Hahn*, IFSt-Schrift Nr. 378, S. 67 ff.

214 Zur Abgrenzung siehe Kap. B. III. sowie *Hahn*, IFSt-Schrift Nr. 378, S. 68.

215 Vgl. Sachverständigenkommission, S. 84.

fend ausführt[216]. Der Bürger wird an einer freien Mobilität innerhalb der Gemeinschaft gehindert, indem seine Entscheidung für einen Wegzug von steuerlichen Erwägungen – u.U. einer hohen Rückforderung ausgesetzt zu sein – beeinflusst wird. Die daraus erwachsende Gefahr, im Zweifel auf den Wegzug zu verzichten, stellt mithin eine *Beschränkung* der obigen Grundfreiheiten dar.

Wird diese Besteuerung auf jedes Altersvorsorgeprodukt ohne Ansehung der Herkunft des Versorgungsträgers, auf jede Vorsorgeform sowie unabhängig von der Staatsangehörigkeit auf jede Personen angewandt, liegt allerdings keine zusätzliche Diskriminierung vor.

Wenn gleichwohl teilweise bei der Wegzugsbesteuerung versucht wird, unter Bezugnahme auf die EuGH-Rechtsprechung in der Rechtssache „Werner“[217] bereits den Anwendungsbereich der Grundfreiheiten zu verneinen[218], so geschieht dies einzig aus der Motivation heraus, die Wegzugsbesteuerung vor dem Verdikt der Europarechtswidrigkeit zu bewahren.

Diese Sichtweise ist jedoch wenig stichhaltig und durch die neuere Rechtsprechung des Europäischen Gerichtshofs überholt. Verkannt wird der grenzüberschreitende Bezug, indem einzig auf die Wohnsitz*nahme* im Ausland und nicht auf die „Wander*bewegung*“ abstellt wird. Geschützt von den Grundfreiheiten sind aber gerade die Mobilität und die Freiheit des Wirtschaftsverkehrs, die durch eine Wegzugsteuer beeinträchtigt werden. Selbst wenn man weiterhin auf die Wohnsitznahme abstellen will, ist auch dann nach heutiger Rechtslage unter dem Blickwinkel der einschlägigen allgemeinen

---

216 So deutlich jetzt EuGH v. 11.3.2004, Rs. C-9/02 („de Lasteyrie du Saillant“), Rn. 45 ff.

217 Vgl. EuGH, Rs. C-112/91(„Werner“), Slg. 1993, I-429 ff., insbesondere S. 470, Rn. 16 f.

218 So *Hahn*, IStF-Schrift Nr. 378, S. 67 ff zu § 6 I AStG.

Freizügigkeit (Art. 18 EG), die bei der Entscheidungsfindung in der Rechtssache „Werner" noch nicht kodifiziert war, nunmehr anders zu entscheiden. In seinem Schlussantrag in der Rechtssache „de Lasteyrie du Saillant" vertritt Generalanwalt *Mischo* ebenfalls diese Position und sieht den Anwendungsbereich der Grundfreiheiten unzweifelhaft bei einer dem § 6 I AStG vergleichbaren französischen Regelung, Art. 167a CGI, eröffnet und beeinträchtigt[219]. Der Gerichtshof ist in seinem dazu ergangenen Urteil vom 11. März 2004 dieser Auffassung ebenfalls gefolgt, indem er auf seine Rechtsprechung aus dem „Werner"-Urteil nicht mehr abstellte[220]. Vor diesem Hintergrund kommt der „Werner"-Entscheidung keine Relevanz mehr zu.

b) Rechtfertigung durch die Kohärenz des Steuersystems

Aus dem Vorliegen einer Beeinträchtigung folgt allerdings, wie oben erwähnt, nicht per se eine Verletzung der Grundfreiheiten. Erst bei dem Nichtvorliegen von Rechtfertigungsgründen kann ein Verstoß bejaht werden. Dafür ist auf die oben dargestellten Rechtfertigungsansätze Bezug zu nehmen[221]. Statt im Detail darauf nochmals einzugehen, ist die Betrachtung auf die entscheidenden Aspekte zu konzentrieren: Von der Vielzahl erwogener Schranken erscheint einzig der „Kohärenz"-Gedanke auf die Wegzugsbesteuerung anwendbar. Warum allerdings diese Idee, nachdem gegen sie schwerwiegende systematische Kritik geäußert wurde und als Konsequenz daraus nach hier vertretener Ansicht sogar die Aufgabe

219 Vgl. zusammenfassend *Krenz/Schnitger*, in: Financial Times Deutschland vom 8.4.2003, S. 32.

220 Vgl. EuGH v. 11.3.2004, Rs. C-9/02 („de Lasteyrie du Saillant"), Rn. 41.

221 Vgl. Kap. B. II. 3.

dieser Argumentation gefordert wurde[222], überhaupt weiterhin zu diskutieren ist, erscheint auf den ersten Blick schwer verständlich.

Verfolgt man die Ablehnung der „Kohärenz"-Rechtsprechung stringent weiter, so wäre es folgerichtig, in der „Kohärenz" des Steuersystems keinen tauglichen Rechtfertigungsgrund für eine Beschränkung der Grundfreiheiten durch die Wegzugsbesteuerung zu sehen. Andererseits kommt man aber auch nicht umhin, angesichts der ständigen Rechtsprechung des Gerichtshofs diese Schranke zu erörtern. Auch in seiner jüngsten steuerrechtlichen Entscheidung hat der Europäische Gerichtshof die „Kohärenz"-Formel – und dies gleichfalls im Zusammenhang mit der Frage der Europarechtskonformität einer Wegzugsbesteuerung – diskutiert[223].

Allerdings könnten sich „Kohärenz"-Erwägungen hier in einem anderen Licht darstellen, weil es nämlich nicht um den klassischen und immer wieder vom Europäischen Gerichtshof zu entscheidenden Fall der direkten Abziehbarkeit von Vorsorgeaufwendungen im Zusammenhang mit einer nachgelagerten Besteuerung geht. Vielmehr ist die zu beurteilende Ausgangssituation insoweit verändert, als der Zusammenhang zwischen Abziehbarkeit der Beiträge und Besteuerung *bei* Wegzug im Blickfeld steht. Nun könnte darin freilich kein wesentlicher Unterschied gesehen werden. Dieser wird allerdings schnell sichtbar, wenn man sich ins Gedächtnis zurückruft, warum der Europäische Gerichtshof seit der „Bachmann"-Entscheidung in keinem Fall das „Kohärenz"-Argument mehr durchgreifen ließ. Ursache war stets, dass ein Doppelbesteuerungsabkommen bestand, wodurch derjenige Mitgliedstaat, der den grenzüberschreitenden Vorsorgeabzug behinderte, auf die Ausübung seines Besteuerungsrechts verzichtete. Da der spezifische Funktionszusammenhang zwischen Abziehbarkeit der Beiträge und nachge-

222 Vgl. Kap. B. II. 3. h) bb).

223 Vgl. EuGH v. 11.3.2004, Rs. C-9/02 („de Lasteyrie du Saillant"), Rn. 66.

lagerter Besteuerung der Alterseinkünfte durch das Doppelbesteuerungsabkommen somit zerstört war, konnte kein (mikro-)kohärentes Steuersystems mehr nachgewiesen werden[224]

aa) Besonderheit der Situation einer Wegzugsbesteuerung

Die Situation einer Wegzugsbesteuerung – und darin liegt eben die Besonderheit, die die „Kohärenz"-Betrachtung in ein anderes Licht rückt – wird jedoch gerade nicht durch ein Doppelbesteuerungsabkommen erfasst, das bei Wegzug den Rechtsanwendungsbefehl zur Ausübung eines anderen mitgliedstaatlichen Besteuerungsrechts erteilt. Typischerweise fehlt in den Doppelbesteuerungsabkommen eine Bestimmung, die die erlangten Steuer- und Zinsvorteile im Rahmen der Altersvorsorge bei einer Wohnsitzverlegung aufdeckt. Wenn man sich dessen bewusst ist, dann wird durch die Wegzugsbesteuerung der Zusammenhang zwischen der Abzugsfähigkeit der Vorsorgebeiträge und der späteren Besteuerung der Einkünfte bei Wegzug aber gerade gewahrt[225]. Der Vorsorgeabzug soll dem Bürger nur gewährt werden, soweit später auch die volle (nachgelagerte) Rentenbesteuerung gesichert ist. Die Wegzugsbesteuerung verwirklicht gerade diesen Zusammenhang[226]: Indem die erhaltenen Steuer- und Zinsvorteile aus dem früheren Abzug der Abzugsaufwendungen somit abgeschöpft werden, werden Altersvorsorgeaufwendungen rückwirkend besteuert und mithin die mit dem Wegzug später eintretenden steuerlichen Einnahmeverluste ausgeglichen[227]. Bei die-

---

224 Vgl. die ständige Rechtsprechung seit EuGH, Rs. C-80/94 („Wielockx"), Slg. 1995, I-2493 ff.; in neuerer Zeit EuGH, Rs. C-136/00 („Danner"), IStR 2002, S. 736 ff.

225 Vgl. Sachverständigenkommission, S. 85 f.

226 Ungenau ist daher die Formulierung der Sachverständigenkommission (S. 86) mit „Wiederherstellen" dieses Zusammenhangs.

227 Vgl. Sachverständigenkommission, S. 86.

sem Verständnis bestünde ein unmittelbarer Zusammenhang zwischen den Vorteilen der Abzugsfähigkeit sowie den Nachteilen der Wegzugsbesteuerung, sodass eine kohärente steuerliche Ausgestaltung anzunehmen wäre. Durch diese nun neu aufgetretenen Aspekte wird auch nicht die obige Untersuchung zur „Kohärenz“ einer steuerlichen Regelung in Frage gestellt, da es sich um unterschiedliche, nicht vergleichbare Situationen handelt. Die in Rede stehende Konstellation ist davon losgelöst zu beurteilen.

bb) Eigene Erwägungen gegen eine kohärente Regelung

Obgleich oben vehement gegen die Unstimmigkeit der „Kohärenz“-Idee gestritten wurde, scheint sie hier ihre Daseinsberechtigung zu belegen. Diese wird auch nicht durch das Urteil des Europäischen Gerichtshofs vom 11. März 2004 in der Rechtssache „de Lasteyrie du Saillant“ erschüttert, wie man vielleicht meinen könnte. Denn dort war die konkrete Ausgestaltung einer französischen Wegzugsbesteuerungsvorschrift für Inhaber von Gesellschaftsanteilen zu beurteilen, die als mit der Niederlassungsfreiheit unvereinbar angesehen worden ist[228]. Vorliegend hingegen wird eine Wegzugsbesteuerungsregelung im Rahmen einer möglichen Besteuerung der Alterssicherung analysiert. Insoweit ist die neueste Rechtsprechung des Europäischen Gerichtshofs nicht per se übertragbar. Des Weiteren lassen sich dem Urteil auch keine allgemeinen Maßstäbe für die Anwendung von „Kohärenz“-Überlegungen auf Normen der Wegzugsbesteuerung entnehmen[229].

Entscheidend ist aber der materielle Unterschied der streitgegenständlichen französischen Regelung, die der Europäische Gerichts-

---

228 Vgl. dazu die ausführliche Besprechung des Urteils und seiner Folgen für ähnliche Regelungen in Europa von *Schindler*, IStR 2004, S. 300 ff.

229 Vgl. insoweit die Ausführungen des Gerichtshofs EuGH v. 11.3.2004, Rs. C-9/02 („de Lasteyrie du Saillant“), Rn. 66.

hof zu begutachten hatte, einerseits und der vorliegend diskutierten Ausgestaltung einer Wegzugsbesteuerung andererseits: Während dort der maßgebliche Auslöser der fehlenden Vereinbarkeit mit der Niederlassungsfreiheit im Ergebnis eine steuerlich relevante Aufdeckung nicht realisierter Gewinne und damit stiller Reserven in der Gesellschaftsbeteiligung war, würde hier eine Steuerentstrickung erst zu einem Zeitpunkt erfolgen, indem die Steuer- und Zinsvorteile dem Wegziehenden bereits zugeflossen sind, da ihm im Tätigkeitsstaat ein steuerlicher Vorsorgeabzug gewährt wurde. Diese Vorteile wäre er auch nur verpflichtet, bei Wegzug auszukehren. Der steuerlichen Erfassung nach Realisation wird indes schwerlich die Europarechtswidrigkeit unterstellt werden können[230].

Dass es für den Rechtfertigungsgrund der „Kohärenz" aber hier wirklich einen tatsächlich (weiterhin) bestehenden Anwendungsbereich gibt, wie er soeben skizziert worden ist, kann freilich allerdings aus anderen Gründen bezweifelt werden. Notwendig ist dazu eine erweiterte Betrachtung der klassischen Konstellation, die in Kapitel B. analysiert wurde. Ansatzpunkt ist die konkrete Frage, welche Schlussfolgerung daraus zu ziehen wäre, dass einerseits ein Mitgliedstaat durch Doppelbesteuerungsabkommen auf die Anwendung seines nachgelagerten Rentenbesteuerungsrechts verzichtet, aber sich durch die unilaterale Schaffung einer Wegzugssteuer dennoch – rechtmäßigerweise – einen Steuerzugriff verschafft. Die *Sachverständigenkommission zur Neuordnung der steuerlichen Behandlung der Alterseinkünfte* vermutet, dass der Europäische Gerichtshof den Mitgliedstaaten in so einem Fall wider-

---

230 So auch *Schindler*, IStR 2004, S. 300, 310. Zu eng demgegenüber *Kleinert/Probst*, DB 2004, S. 673, 675, die Wegzugsbeschränkungen „allenfalls in sehr engen Grenzen" zulassen wollen. Welche Grenzen damit gemeint sind (Rechtsmissbrauch?), bleibt jedoch offen.

sprüchliches Verhalten vorwerfen und deshalb eine Rechtfertigung durch „Kohärenz"-Gesichtspunkte wegen Rechtsmissbrauchs ablehnen würde[231]. Die Vermutung der Kommission ist durchaus begründet: Würde man die Wegzugsbesteuerung isoliert betrachten, dann wäre ein bestehendes Doppelbesteuerungsabkommen für die Regelung hinsichtlich der Rentenbesteuerung obsolet geworden. Mit dem Abschluss eines Doppelbesteuerungsabkommens haben die beteiligten Mitgliedstaaten aber gerade zum Ausdruck gebracht, dass sie nationale Lösungen, nationale „Alleingänge" für die Regelung bestimmter Sachverhalte für nicht zweckmäßig halten. Sie haben daher bewusst die unilaterale Ebene verlassen und sich ihrer nationalen gesetzgeberischen Befugnisse beraubt. Wenn also ein bilaterales Abkommen die Rentenbesteuerung regeln soll, dann muss dies abschließend gelten und darf nicht durch unilaterale Vorschriften unterlaufen werden können.

Deshalb geht der Vorwurf des widersprüchlichen Verhaltens bei Einführung einer Wegzugsbesteuerung und bei Vorliegen eines anders lautenden Doppelbesteuerungsabkommens in der Tat in die richtige Richtung. Überzeugender erscheint allerdings eine etwas andere Akzentuierung, die auch die Aussagen der „Wielockx"-Entscheidung mit berücksichtigt. Danach soll schon die Existenz eines Doppelbesteuerungsabkommens die „Kohärenz" im innerstaatlichen Bereich ohne Einschränkung ausschließen. Die „Kohärenz" verwirklicht sich dann nur noch auf zwischenstaatlicher Ebene als sog. „Makro-Kohärenz"[232]. Oder umgekehrt gewendet: Der Abschluss eines Doppelbesteuerungsabkommens stellt einen grundsätzlichen, abstrakten Verzicht auf ein interstaatliches Besteuerungsrecht dar.

---

231 Vgl. Sachverständigenkommission, S. 86.

232 Vgl. oben Kap. B. II. 3. h) aa) (3).

Daraus folgt dann konsequenterweise, dass ein Mitgliedsstaat eine mikro-kohärente Regelung nicht mehr schaffen kann, wenn ihm durch ein Doppelbesteuerungsabkommen die nationale Rechtsetzungs*befugnis* nicht mehr zusteht. Durch den Abschluss eines Doppelbesteuerungsabkommens haben sich die Vertragsstaaten dieser Möglichkeit beraubt. Es kommt dann insbesondere auch nicht mehr darauf an, ob und inwieweit das Doppelbesteuerungsabkommen eine intendierte mitgliedstaatliche Regelung erfasst. Entscheidend ist allein die Weggabe der Besteuerungsbefugnis für einen bestimmten Sachverhalt, soweit das Doppelbesteuerungsabkommen dafür im weitesten Sinne eine Regelung nach dem Willen der beteiligten Staaten enthalten soll. Wegen der Gebotenheit einer Gesamtbetrachtung des Steuersystems sowie der Berücksichtigung des Doppelbesteuerungsabkommens fehlt es dann aber an einer schlüssigen, systematisch zusammenhängenden, innerstaatlichen Regelung, sodass unter diesem Gesichtspunkt keine kohärente Verknüpfung vorliegt.

c) Zwischenergebnis

Entweder angesichts widersprüchlichen Verhaltens oder aufgrund eines fehlenden spezifischen Systemzusammenhangs kann auch bei einer Wegzugsbesteuerung der „Kohärenz"-Gedanke nicht durchgreifen. Erst wenn das Doppelbesteuerungsabkommen geändert bzw. aufgehoben wird, ist Raum für diese Argumentation. Und somit korrespondiert das hier gefundene Ergebnis mit den Erkenntnissen aus Kapitel B. dieser Arbeit. Die Wegzugsbesteuerung ist daher im Rahmen der Rentenbesteuerung nicht europarechtskonform, solange ein Doppelbesteuerungsabkommen besteht[233].

---

233 Dieses Ergebnis ist auch auf das Außensteuerrecht übertragbar. Dies bedeutet, dass selbst im Fall der Erfassung von realisierten Gewinnen bei einer Gesellschaftsbeteiligung eine Wegzugbesteuerung nur dann europa-

5. Stellungnahme

Mit den drei aufgezeigten Wegen – Wohnsitz-, Quellen- bzw. Wegzugsbesteuerung – stehen also durchaus verschiedene Handlungsoptionen zur Beantwortung der Frage bereit, *wem* die Ausübung eines nachgelagerten Besteuerungsrechts zustehen soll. Von diesen ist die letztgenannte Möglichkeit einer Wegzugsbesteuerung aufgrund ihrer fehlenden europarechtlichen Tauglichkeit allerdings abzulehnen. Dieser Befund reduziert die weitere Erörterung folglich auf Wohnsitz- und Quellenlandbesteuerung. Für beide Prinzipien wurden rechtlich-systematische, aber ebenso auch ökonomisch überzeugende Eigenschaften herausgestellt. Insoweit ist für die Klärung der Ausgangsproblematik allerdings noch nicht viel gewonnen, eine Entscheidung für die eine und gegen die andere Besteuerungsart kann sinnvoll damit nicht getroffen werden. Von diesem Anspruch ist man trotz beiderseitiger Vorzüge allerdings auch keinesfalls entbunden.

a) Diskussion der Wohnsitzbesteuerung

Knüpft man an die herausgearbeiteten Vorteile für die Beurteilung unmittelbar an, so ist hinsichtlich der Wohnsitzbesteuerung zunächst auf die als wesentlich identifizierte Eigenschaft der Kapitalexportneutralität zurückzukommen.

aa) Kapitalexportneutralität

Ihre Bedeutung steht unter dem Aspekt der Maximierung des Welteinkommens sowie der Wettbewerbsneutralität im Inland außer Frage. Unstreitig ist auch, dass das Quellenlandprinzip dies auf-

---

rechtlich haltbar ist, wenn dadurch kein Widerspruch zu einem Doppelbesteuerungsabkommen entsteht. Von einem „Aus für steuerliche Wegzugsbeschränkungen" kann daher keineswegs allgemein gesprochen werden.

grund seiner Konzeption grundsätzlich nicht zu leisten vermag, wohingegen dadurch vielmehr Kapitalimportneutralität gewährleistet wird. Für *Jacobs* tritt diese Form der Neutralität jedoch hinter der Exportneutralität als niederrangiges Prinzip zurück[234]. Auch *Brügelmann/Fuest* werden von der Wirkung der Kapitalexportneutralität scheinbar maßgeblich bewegt, dass sie zum generellen Vorzug einer Wohnsitzbesteuerung tendieren[235].

Eine Wertigkeit zwischen beiden Neutralitätskriterien festzulegen, verbietet sich streng genommen allerdings schon im Ansatz: Nur wenn Einigkeit darüber besteht, welches Ziel notwendigerweise mit einer bestimmten Besteuerung verfolgt und erreicht werden soll, kann eine derartige Aussage getroffen werden. Will man einen wettbewerbsneutralen Markt im Inland herstellen, ist eine in erster Linie kapitalexportneutrale Besteuerung empfehlenswert. Soll hingegen auf Auslandsmärkten ein verzerrungsfreier Wettbewerb aus Sicht des jeweiligen Mitgliedslandes stattfinden, ist ein kapitalimportneutrales Steuersystem vorzugswürdig. Insbesondere für exportorientierte Staaten – wie Deutschland – ist Kapitalimportneutralität wichtig. Welche Form der Neutralität durch die Besteuerung gesichert werden soll, hängt von den zu verwirklichenden Zielen ab. Prinzipiell stehen Kapitalimport- und Exportneutralität gleichwertig nebeneinander. Dem jeweils anderen Konzept daher vorzuwerfen, dass es mit den eigenen Eigenschaften nicht konkurrenzfähig ist, ist daher wenig hilfreich, wenn unterschiedliche Annahmen zugrunde liegen. Das Merkmal der Kapitalexportneutralität beeinflusst folglich schon grundsätzlich nicht entscheidend die Einführung einer Wohnsitzbesteuerung.

---

234 Vgl. *Jacobs*, S. 303.

235 Vgl. *Brügelmann/Fuest*, Besteuerung der Altersvorsorge und Alterseinkünfte, S. 48.

Ausschlaggebende Bedeutung muss für die Rentenbesteuerung jenseits dieser allgemeinen Erwägungen aber insbesondere der Tatsache zugemessen werden, dass der Steuerpflichtige – wie oben festgestellt – über gesetzliche Rentenansprüche nicht verfügen kann. Weil dem so ist und weil mithin eine Anlageentscheidung darüber nicht getroffen werden kann, ist das Kriterium der Kapitalexportneutralität im Hinblick auf die gesetzliche Rente wertlos. *Richter/ Wiegard* bezeichnen es treffend, wenn sie diesem Merkmal allenfalls fiktive Bedeutung zuschreiben[236]. Relevanz besitzt es allerdings für Rentenansprüche, die ein grundsätzliches Verfügungspotenzial besitzen, also vor allem für die private Vorsorge, da die Dispositionsbefugnis auf dem Gebiet der betrieblichen Rentenansprüche in der Regel eingeschränkt ist. Will man eine allgemeingültige Besteuerung für die Rentenauszahlung finden, muss man sich dessen bewusst sein. Auch wenn also Kapitalexportneutralität als Argument für die Wohnsitzbesteuerung somit teilweise ausscheidet, ist es zwar nicht zwingend abzulehnen, aber zumindest nur bedingt berücksichtigungsfähig.

bb) Verwirklichung des Leistungsfähigkeitsprinzips

Welcher Gedanke jedoch eine ebenso intensive Auseinandersetzung verlangt, ist die weit verbreitete Behauptung unter den Steuerrechtswissenschaftlern, dass einzig eine Welteinkommensbesteuerung am Wohnsitz dem Leistungsfähigkeitsprinzip entspreche[237]. Vor dem Hintergrund eines subjektiven Leistungsfähigkeitsver-

236 Vgl. *Richter/Wiegard,* Die Besteuerung deutscher Renten im Ausland – Effizienzorientierte Besteuerung von Renten bei Freizügigkeit –, in: VDR (Hrsg.), Besteuerung von Beiträgen und Leistungen in der Altersvorsorge, DRV-Schriften, Band 29, S. 143, 146.

237 Vgl. BFH, IStR 1993, S. 272, 273; *Jacobs*, S. 305, *Schaumburg*, FS Tipke, S. 125, 128 f.

ständnisses wird zum einen auf die Verwirklichung *horizontaler Steuergerechtigkeit* verwiesen, die nur bei vollständiger Erfassung der persönlichen Verhältnisse des Steuerpflichtigen durch den Ansässigkeitsstaat zu gewährleisten sei[238]. Insbesondere bei Steuerlasten in mehreren Ländern könne diese subjektive Komponente nur angemessen durch die Berücksichtigung im Ansässigkeitsstaat durch Anrechnung gezahlter Steuern gewürdigt werden[239]. Zum anderen verstoße das Quellenprinzip aber auch gegen das Gebot *vertikaler Gerechtigkeit*, weil es eine progressive Besteuerung – wie gesehen – bei Verteilung der Einkünfte auf mehrere Länder nicht sicherstellen kann[240]. Zweifelhaft ist diese letzte Behauptung allerdings gewiss. Hierhinter steht freilich eine lange Tradition, die bis zu den Opfertheorien des 19. Jahrhunderts zurückreicht[241]. Will man eine progressive Besteuerung heute (immer noch) legitimieren, so ist sie aus dem Sozialstaatsprinzip abzuleiten[242].

Entscheidend kommt es darauf aber nicht an. Im Gegenteil ist im internationalen Steuerrecht für die Gewährleistung einer bestimmten Steuerprogression gerade keine Welteinkommensbesteuerung notwendig: Anerkanntermaßen besteht mit dem „Progressionsvorbehalt“ – wie z.B. in § 32b EStG – jederzeit die Möglichkeit, selbst wenn ausländische Einkünfte im Inland von der Steuer freigestellt sind, diese dennoch zur Ermittlung des Steuersatzes heranzuziehen. Der Vorwurf eines Verstoßes gegen das Gebot vertikaler Steuergerechtigkeit durch eine Quellenbesteuerung verfängt daher nicht.

---

238 Vgl. *Jacobs*, S. 305.

239 Vgl. *Schaumburg*, Internationales Steuerrecht, § 14 Rn. 10.

240 Vgl. Kap. C. III. 3.

241 Vgl. *Wagner*, S. 296.; *Birk*, Leistungsfähigkeitsprinzip als Maßstab der Steuernormen, S. 18 ff.

242 Zur Herleitung siehe *Wosnitza*, Skript zur Hauptstudiumsvorlesung Einzelsteuern, S. 67.

Nicht minder von Interesse ist die scheinbar selbstverständliche Erstreckung der „Leistungsfähigkeit“ auch auf grenzüberschreitende Zusammenhänge. Vergleicht man die im Einzelnen nuancierten Definitionen von „Leistungsfähigkeit“[243], so ist jedenfalls allen die Bezugnahme auf die Fähigkeit zur Steuerzahlung gemein. Eine räumliche Beschränkung ist hingegen nicht ersichtlich, zumal es allein auf die Person des Steuerpflichtigen, nicht aber Herkunft seiner Einkünfte ankommen soll. Im Umkehrschluss daraus tendiert die Rechtsprechung und ihr folgend ein Großteil der Literatur zu einem globalen Verständnis von „Leistungsfähigkeit“. Verständlich und begründet ist die Position durchaus, zwingend sind ihre Schlussfolgerung indes nicht, wie *Vogel*[244] beispielhaft für mehrere Länder nachweist, die ausländischen Einkünfte gerade nicht in die Leistungsfähigkeitsbetrachtung einstellen.

In der Konsequenz könnte dies allerdings unter dem Gesichtspunkt horizontaler Gerechtigkeit zu einer Ungleichbehandlung von Inländern führen, die Auslandeinkünfte erzielen und diese im Ausland niedriger besteuern müssten, gegenüber Inländern, die ein gleich hohes Einkommen im Inland erzielen[245]. Diese Aussage bedeutet nichts anderes als die Forderung nach Kapitalexportneutralität bzw. Produktionseffizienz. Bei dieser Gleichheitsbetrachtung wird aber nicht nur verkannt, dass das Gleichheitsargument gar nicht passt, weil typischerweise ungleiche Situationen der Einkünfteerzielung zugrunde liegen, sondern vor allem wird den Kritikern einer Wohnsitzbesteuerung vorgeworfen, dass sie gegen das Gebot der Kapitalexportneutralität verstoßen, obwohl dies in dem konzeptionellen Rahmen einer Quellensteuer herkömmlich nicht existiert. Zudem

---

243 Vgl. *Birk*, Leistungsfähigkeitsprinzip als Maßstab der Steuernormen, S. 166 ff.; *Lang*, Die Bemessungsgrundlage der Einkommensteuer, S. 97.

244 Vgl. *Vogel*, FS Klein, S. 361, 368 f.

245 Vgl. *Richman*, Taxation of foreign investment income, p. 11.

verbietet das Gemeinschaftsrecht keine Inländerdiskriminierung, die hier vorliegen würde.

Horizontale Gerechtigkeit wird vielmehr aber nur dann verwirklicht, wenn alle im Ausland bezogenen Einkünfte auch den dort geltenden Steuersätzen unterliegen, weil diesbezüglich vergleichbare Situationen der Steuerpflichtigen vorliegen. Zu leisten vermag dies jedoch nur eine Quellensteuer in Verbindung mit der Freistellung dieser Einkünfte im Ansässigkeitsstaat. Dies stellt allerdings eine auf das Ausland bezogene Gerechtigkeit dar, die ebenfalls eine Besteuerung nach dem Leistungsfähigkeitsprinzip bedeutet, welches aber gerade durch eine Quellenbesteuerung gewahrt wird.

Schaumburg spricht insoweit von „ausländischer Leistungsfähigkeit" im Gegensatz zur „inländischen Leistungsfähigkeit", die sich ausschließlich auf Inlandssachverhalte bezieht[246]. Die Konsequenz seiner Überlegungen ist, dass Leistungsfähigkeit nicht auf ein Prinzip der Besteuerung festgelegt ist, sondern sowohl – je nach Blickrichtung – durch das Wohnsitz- *oder* das Quellenprinzip verwirklicht wird. Unter den Vorgaben des Gemeinschaftsrechts erscheint eine derart differenzierte Betrachtungsweise überzeugend: Denn falls man „Leistungsfähigkeit" nicht in diesem Sinne „aufteilt" und eine auslandsbezogene Komponente einführt, hätte das Verständnis der Verfechter einer Wohnsitzbesteuerung zur Folge, dass Unionsbürger bei Tätigkeit in einem anderem als ihrem Ansässigkeitsstaat nicht mit den Inländern des Tätigkeitsstaats gleichbehandelt werden, weil auf ihre dort erzielten Einkünfte nicht der Steuertarif des Tätigkeitsstaats angewandt würde. Damit läge allerdings eine Diskriminierung der EG-Ausländer vor, die der EG-Vertrag verbietet. Da das Leistungsfähigkeitsprinzip – wie oben festgestellt – in seiner Erstreckung auf grenzüberschreitende Sachverhalte offen ist,

---

246 Vgl. *Schaumburg*, FS Tipke, S. 125, 130 f.

kann es indes gemeinschaftsrechtskonform im Verständnis von *Schaumburg* angewandt werden.

Weiterhin wird auch mit der *Folgerichtigkeit* bzw. *Systemgerechtigkeit* eines Steuersystems operiert, um eine Besteuerung nach dem Welteinkommensprinzip unter Leistungsfähigkeitsgesichtspunkten zu rechtfertigen. Aus der Folgerichtigkeit einer Einkommensteuer im Sinne einer Globalsteuer ergebe sich, dass alle Einkunftsarten und alle Einkünfte unterschiedslos erfasst werden[247]. Nur dann könne horizontale Steuergerechtigkeit erreicht werden. Zunächst ist die Unschärfe des Begriffs der „Folgerichtigkeit“ zu bemerken. Versteht man ihn im Sinne von Systemimmanenz bzw. immanenter Notwendigkeit einer bestimmten Steuerreichweite, abgeleitet aus dem gesamten Kontext, in dem sich das Steuerrecht bewegt, dann kann diese Überlegung auch dazu führen, dass genau umgekehrt auf eine Besteuerung des Welteinkommens verzichtet werden müsste: Aus dem Gedanken der Verwirklichung eines einheitlichen Binnenmarktes heraus und einer offenen Zusammenarbeit in Europa folgt eher der Verzicht auf eine Besteuerung der Auslandseinkünfte im Inland[248]. Erst dann würde der Wirtschaftsverkehr frei von steuerlicher Beeinflussung sich vollziehen können.

Richtig ist zwar, dass Gerechtigkeit nur in einem internationalen Rahmen hergestellt werden kann, aber nicht unbedingt durch eine Welteinkommensbesteuerung. Leistungsfähigkeit und damit horizontale und vertikale Steuergerechtigkeit im internationalen Steuerrecht stehen demzufolge nicht im Widerspruch zu einer Quellenbesteuerung, sondern können durch sie gleichermaßen sichergestellt werden.

---

247 Vgl. *Richman*, Taxation of foreign investment income, p. 122.

248 Zutreffend *Vogel*, FS Klein, S. 361, 375.

b) Beurteilung der Quellenlandbesteuerung

Es spricht sogar mehr dafür, Leistungsfähigkeit nicht durch eine Wohnsitzbesteuerung zu verwirklichen. Die bisherigen Ausführungen belegen nämlich, dass zur Verwirklichung der von den Anhängern einer Wohnsitzbesteuerung geforderten Merkmale auch eine Quellensteuer gleichermaßen befähigt ist.

aa) Zwischenstaatliche Gerechtigkeit

Diese weist darüber hinausgehend weitere Vorzüge auf. Wie bereits oben vermutet wurde, könnten mit einer nachgelagerten Quellenland-Rentenbesteuerung prinzipiell fiskalische Mindereinnahmen a priori verhindert werden, weil dasjenige Land, das den Vorsorgeabzug gewährt, auch in den Genuss der Besteuerung späterer Rentenauszahlungen kommt. Dies ist jedoch nicht nur ein sachgerechter kompensatorischer Ausgleich – aufgrund eines inneren Systemzusammenhangs –, es erscheint auch als ein Gebot *zwischenstaatlicher Gerechtigkeit*, dass dem Quellenstaat als „Ursprung", als „Erzeuger" dieser Einkünfte[249] die ausschließliche Ausübung des Besteuerungsrechts zustehen soll. Dahinter verbirgt sich eine nutzen- bzw. äquivalenztheoretische Vorstellung, nach der die Steuer ein „Entgelt" für Leistungen des Staates darstellt[250].

Fraglich ist jedoch, welche Leistungen des Staates eine Rentenbesteuerung rechtfertigen. Zu denken ist dabei z.B. an die Einrichtung (altersgerechter) Sozialeinrichtungen, kultureller Veranstaltungen etc.[251]. Somit können Steuern auf Renteneinkünfte auch als Nutzen-

249 So *Vogel*, FS Klein, S. 361, 376.

250 Vgl. *Schanz*, FA 1892, S. 365, 369; *Haller*, S. 39 ff.

251 Vgl. *Richter/Wiegard,* Die Besteuerung deutscher Renten im Ausland – Effizienzorientierte Besteuerung von Renten bei Freizügigkeit –, in: VDR (Hrsg.), Besteuerung von Beiträgen und Leistungen in der Altersvorsorge, DRV-Schriften, Band 29, S. 143, 150.

bzw. Äquivalenzabgaben – jedoch ohne den Anspruch auf eine exakte Zurechnung – verstanden werden[252].

Diese Prämissen würden allerdings auf den ersten Blick für eine Wohnsitzbesteuerung sprechen, da dort während der Rentenbezugszeit entsprechende staatliche Leistung überhaupt nur genutzt werden könnten! Aus dem Gebot zwischenstaatlicher Gerechtigkeit würde sich damit kein Vorrang des Quellenprinzips ableiten lassen.

Man kann die Argumentation indes aber auch anders aufziehen, indem die gesamte Erwerbstätigkeit mit einbezogen wird, während der ein Steuerpflichtiger aufgrund des gewährten Vorsorgeabzugs gerade nicht in vollem Umfang steuerlich zu einer Äquivalenzabgabe herangezogen wurde. Er hat währenddessen Leistungen im Tätigkeitsstaat in Anspruch genommen, denen seinerseits keine entsprechende Gegenleistung in Form von Steuern gegenüberstand. Über die gesamte Lebenszeit des Steuerpflichtigen gesehen muss daher während der Rentenbezugszeit diese „Lücke“ von dem Tätigkeitsstaat ausgeglichen werden dürfen. Der nutzen-theoretische Aspekt der Rentenbesteuerung darf folglich nicht in einem engen Sinne, begrenzt auf den Rentenbezug, verstanden werden.

Hiergegen könnte allerdings eingewandt werden, dass dann der Wohnsitzstaat keine äquivalente Gegenleistung erhält, was sicherlich ebenfalls nicht von der Hand zu weisen ist. Verschiedene Steuererhebungsansprüche kollidieren offensichtlich – Wohnsitz- als auch Quellenstaat hätten gleichermaßen anerkennenswerte Forderungsberechtigungen. Geboten ist deshalb eine Abwägung beider Interessen. Schon *Schanz* hat diesen Konflikt erkannt und eine 3:1-Aufteilung der Auslandseinkünfte zwischen Quellen- und Wohn-

252 Darüber hinaus ist Steuern aber auch stets eine Zwangsabgabe-Komponente immanent. Vgl. dazu die berühmte Aussage von Thomas von Aquin: „Steuern sind legaler Raub.“

sitzstaat für die Besteuerung vorgeschlagen, weil der Beitrag des Quellenstaats etwa dreimal so hoch sei[253]. Dies würde faktisch einer Aufteilung der Besteuerungsrechte gleichkommen, wobei sich erneut die Höhergewichtung des Quellenprinzips zeigt. Dass ein höheres Interesse der Quellenstaaten besteht, ist einerseits angesichts der regelmäßig gegenüber der Rentenbezugszeit längeren Tätigkeitsphase überzeugend, andererseits aber auch angesichts des Umstands, dass der Quellenstaat die maßgeblichen Voraussetzungen für die Erzielung der Alterseinkünfte geschaffen hat, geradezu zwingend. Ob allerdings eine 3:1-Aufteilung zu erfolgen hat, ist gewiss diskutabel.

bb) Wanderungseffizienz und Grundfreiheiten

Neben der Vorzugswürdigkeit auf zwischenstaatlicher Ebene werden die positiven Effekte des Quellenprinzips bei Betrachtung der individuellen Situation des Steuerpflichtigen noch weiter untermauert. Bedeutung erlangen dabei auch wohlfahrtökonomische Gesichtspunkte. Entscheidet man nämlich – entgegen der sich abzeichnenden Überlegenheit der Quellenrentenbesteuerung – für eine Wohnsitzbesteuerung, dann würde der Steuerpflichtige versuchen, sich durch Wegzug einer im Vergleich zu anderen Mitgliedstaaten höheren Rentenbesteuerung zu entziehen. Das Steuerrecht würde also in diesem Fall zu Wanderungsverzerrungen im Alter führen und damit geradezu eine Wohnsitzwahl nach Steuergesichtspunkten fördern[254]. Eine Wohnsitzbesteuerung wäre demgemäß nicht wanderungseffizient.

---

253 Vgl. *Schanz*, FA 1892, S. 365, 369.

254 Vgl. *Richter/Wiegard*, Die Besteuerung deutscher Renten im Ausland – Effizienzorientierte Besteuerung von Renten bei Freizügigkeit –, in: VDR (Hrsg.), Besteuerung von Beiträgen und Leistungen in der Altersvorsorge, DRV-Schriften, Band 29, S. 143, 147.

Von Wanderungseffizienz einer Regelung wird typischerweise dann gesprochen, wenn bei Wanderungen keine Änderung der Steuerlasten auftritt[255]. Grenzraten der Steuerbelastungen vor und nach Wegzug sind damit gleich. Wanderungseffizienz kann deshalb auch als Ausprägung der Produktionseffizienz aufgefasst werden. Offensichtlich kann sich der Steuerpflichtige durch Wegzug in ein Land mit niedrigeren Steuertarifen im System einer Wohnsitzbesteuerung teilweise seiner steuerlichen Belastungen entziehen. Um Effizienzverluste zu verhindern, wäre daher eine Quellensteuer vorzuziehen: Das Auftreten derartiger Fehlallokationen wäre ausgeschlossen, weil die Besteuerung der Alterseinkünfte dann nur vom Quellenstaat abhängig wäre und jeder Wegzug von steuerlichen Überlegungen in dieser Richtung unbeeinflusst bliebe. Steuerliche Planungen würden dann allerdings schon eher ansetzen, nämlich bei der Arbeitsplatzwahl. Diese würde in einem solchen Modell von der Besteuerung beeinflusst werden. Es könnte dann die Frage gestellt werden, ob die Quellensteuer somit überhaupt auf Grundlage der EG-Grundfreiheiten, insbesondere von Artt. 18, 39 und 43 EG, europarechtskonform ist. Ein gewisses Mobilitätshindernis ist durchaus gegeben. Indessen wird die Beeinflussung der Arbeitsplatzwahl aber gering und von zu vernachlässigendem Einfluss sein[256]. Vernünftigerweise wird die Arbeitsplatzwahl nicht entscheidend von Erwägungen der steuerlichen Behandlung der Alterssicherung abhängig gemacht werden. Es wäre deshalb zu weitgehend, daraus eine Beeinträchtigung bzw. sogar eine Verletzung der Grundfreiheiten abzuleiten[257]. Somit hätte die Quellen-

---

255 Vgl. *Richter/Wiegard*, Die Besteuerung deutscher Renten im Ausland, in: VDR, DRV-Schriften, Band 29, a.a.O.

256 Vgl. *Richter/Wiegard*, Die Besteuerung deutscher Renten im Ausland, in: VDR, DRV-Schriften, Band 29, a.a.O., S. 143, 153.

257 Um auch diesen Bedenken vollständig zu begegnen, müsste eine *Herkunftslandbesteuerung* eingeführt werden, bei der stets das Steuerrecht des

steuer für eine Rentenbesteuerung den Vorteil, dass sie zwar geringen Einfluss auf die Arbeitsplatzwahl hat, aber vor allem die Wohnsitzwahl im Alter nicht verzerrt. Die Quellensteuer wäre daher sowohl wanderungseffizient als auch im höchsten Maße mit den Grundfreiheiten kompatibel.

cc) Kapitalexport- und Entscheidungsneutralität

Indem eine Quellensteuer wanderungseffizient ist, erfüllt sie zugleich auch die Voraussetzungen der Produktionseffizienz[258]. Verwunderlich mutet es aber an, dass nunmehr der Quellenbesteuerung Eigenschaften der Wohnsitzbesteuerung, nämlich Produktionseffizienz bzw. Kapitalexportneutralität, zugeschrieben werden. Dies folgt jedoch aus der besonderen Situation der Rentenbesteuerung. Wie oben insoweit schon deutlich gemacht wurde, passt das Kriterium der Kapitalexportneutralität lediglich für die private Vorsorge. Eine Quellensteuer kann für die betriebliche und gesetzliche Vorsorge dieses Gebot deshalb auch nicht verletzen. Sie würde allerdings bei einer reinen nachgelagerten Besteuerung, die hier vorausgesetzt wird, dieses Gebot stets verwirklichen: Denn dann wäre der Übergang zu einer Konsumbesteuerung vollzogen, bei der die Besteuerung erst einsetzt, wenn Kapital zu Konsumzwecken verwendet wird. Die Kapitalallokation würde folglich zu Erwerbszeiten durch die Besteuerung nicht verzerrt werden können, was nichts anderes als Produktionseffizienz bedeutet[259]. Zugleich ist damit aber auch

---

Heimatlandes für den Bürger unabhängig von seinem Wohnsitz und seinem Tätigkeitsort Anwendung findet. Da in der Praxis dieses Prinzip außer von den USA nicht angewandt wird, bleibt es hier unberücksichtigt. Zudem scheint es mit der gemeinschaftsrechtlich verbürgten Freizügigkeit in Konflikt zu stehen, als realiter ein Wegzug unattraktiv gemacht wird.

258 Vgl. Kap. C. III. 5. b) bb).

259 Vgl. *Brügelmann/Fuest*, Besteuerung der Altersvorsorge und Alterseinkünfte, S. 49

dieses klassischerweise für eine Wohnsitzbesteuerung vorgebrachte Argument in sein Gegenteil verkehrt: Aufgrund der Besonderheit der vorliegenden Situation kann nur durch eine Quellenbesteuerung in Verbindung mit einer europaweiten nachgelagerten Besteuerung ein effizientes Besteuerungssystem hergestellt werden! Ausnahmsweise würde daher ausschließlich mit einer Quellenbesteuerung Kapitalexportneutralität verwirklicht werden können.

Aus dieser unverzerrten Kapitalallokation im Sinne einer übergeordneten Produktionseffizienz folgt weiterhin, dass mit einer Quellen-Rentenbesteuerung auch gleichzeitig das Kriterium der Entscheidungsneutralität[260] gewahrt ist. Zwar werden beide Termini mitunter synonym verwendet, doch beschreibt Entscheidungsneutralität richtigerweise die Situation eines einzelnen Wirtschaftssubjekts, während Produktionseffizienz eine gesamtwirtschaftliche Sichtweise zugrunde liegt[261]. Mit der Verwirklichung von Produktionseffizienz im Makrokosmos korrespondiert die Gewährleistung von Entscheidungsneutralität im Mikrokosmos. Da hier Kapitalexportneutralität als Form der Produktionseffizienz vorliegt, folgt im Umkehrschluss aus diesem Umstand, dass eine Quellenbesteuerung der Alterseinkünfte auch für das einzelne Wirtschaftssubjekt entscheidungsneutral ist.

dd) Fazit

Hierin liegt das Erhabene, das in einer Gesamtbetrachtung des Für und Wider – trotz respektabler Erwägungen für eine Wohnsitzbesteuerung – letztlich den Ausschlag für eine Quellensteuer in Kombination mit einer nachgelagerten Rentenbesteuerung gibt. Wenn schon europaweit die nachgelagerte Rentenbesteuerung überwie-

---

260 Siehe zum Kriterium der Entscheidungsneutralität umfassend Kap. B. VI. 1. d) bb).

261 Vgl. *Jacobs*, S. 293 f.

gend angewandt wird, sollte man auch noch einen Schritt weitergehen und dem Quellenstaat das Besteuerungsrecht zuweisen. Die Quellenbesteuerung hat dafür nicht nur rechtliche wie ökonomische Vorzüge auf ihrer Seite, sondern fügt sich in vorzüglicher Weise in das Gemeinschaftsrecht und seine Wertungen ein: Betrachtet man die Auslegung und Anwendung des Gemeinschaftsrechts durch den Europäischen Gerichtshof, so ist das Quellenprinzip keinesfalls unbekannt und gewiss auch nicht unbedeutend – es ist bisher jedoch in dem Dickicht vieler rechtlicher Erwägungen vielleicht nicht deutlich genug wahrgenommen worden.

Dabei hat der Gerichtshof dem Quellenprinzip in der „Schumacker"-Entscheidung zu höchster Beachtung verholfen. Denn wie soll man sonst seine Aussage verstehen, dass der Quellenstaat allein über die Leistungsfähigkeit eines Gebietsfremden urteilen soll? Der Quellenstaat ist dazu berufen, weil der Ansässigkeitsstaat diese Aufgabe nicht angemessen bewältigen kann. Weil ihm die Nähe zum Sachverhalt, zum Steuerpflichtigen fehlt, kann er dies nicht. Nichts anderes gilt für die Rentenbesteuerung. Diese Rechtsprechung ist deshalb keineswegs nur ein Billigkeitsurteil, wonach in bestimmten Situationen ausnahmsweise Gebietsfremde und Gebietsansässige gleichgestellt werden müssen, es ist auch gleichzeitig grundsätzlicher Beleg für die (ökonomische) Vorteilhaftigkeit – und sogar zwingende Notwendigkeit einer Quellenbesteuerung. Man stelle sich nur vor, der Europäische Gerichtshof hätte in der Schumacker-Entscheidung anders geurteilt: Effizienzverluste durch Wohnsitzverlagerungen allein aufgrund steuerlicher Erwägungen wären die Folge gewesen. Insofern ist mit dieser Entscheidung auch die Anerkennung einer ökonomischen Überlegenheit des Quellenprinzips über die Besteuerung nach der Ansässigkeit verbunden.

6. Kombination von Quellenland- und nachgelagerter Besteuerung – Verfahrenstechnische Umsetzung und praktische Auswirkungen

Setzt man eine nachgelagerte Rentenbesteuerung im jeweiligen Quellenland konsequent um, dann werden die herausgearbeiteten Vorzüge beider Besteuerungsarten hinsichtlich des „Wie" und des „Wer" der steuerlichen Behandlung der Alterseinkünfte kombiniert. Unter Effizienz-, Neutralitäts- und grundfreiheitlichen Gesichtspunkten entsteht dadurch ein ökonomisch und rechtlich schlüssiges Steuersystem. Dass dieses System seine Vorzüge hat, wurde hinreichend belegt.

Offen gelassen wurde lediglich der Aspekt der zwischenstaatlichen Gerechtigkeit und der Aufteilung der Besteuerungsbefugnis zwischen Wohnsitz- und Quellenstaat. Es konnte dabei bisher nicht überzeugend das äquivalenz- und nutzentheoretische Argument ausgeräumt werden, dass der Wohnsitzstaat auch einen berechtigten Anspruch auf die Steuererhebung hat, wenn der Steuerpflichtige in der Ruhestandsphase staatliche Leistungen in Anspruch nimmt. Will man auch diesem Umstand Rechnung tragen, verbietet sich streng genommen eine ausschließlich Zuweisung der Besteuerungsbefugnis an den Quellenstaat im Rahmen des nachgelagerten Verfahrens, obwohl dies einzig eine konsequente und sinnvolle Durchsetzung des Steuerrechts garantieren würde.

Vorgeschlagen wird deshalb eine sog. *Trennlösung*, wonach die Ausübung des Besteuerungsrechts zwischen Wohnsitz- und Quellenstaat zeitlich aufgeteilt wird[262]. Somit könnte der Wohnsitzstaat angemessen an dem gesamten Steueraufkommen eines Steuer-

---

262 So *Richter/Wiegard,* Die Besteuerung deutscher Renten im Ausland – Effizienzorientierte Besteuerung von Renten bei Freizügigkeit –, in: VDR (Hrsg.), Besteuerung von Beiträgen und Leistungen in der Altersvorsorge, DRV-Schriften, Band 29, S. 143, 154.

pflichtigen während seiner Rentendauer beteiligt werden. Die Lösung führt jedoch zu einem erheblichen administrativen Aufwand zwischen den beteiligten Staaten, der die Vorteile – insbesondere für den Wohnsitzstaat – größtenteils nivelliert. Ungeklärt ist auch, wann die Ausübung des Steuerrechts übergehen soll. Problematisch ist dies insbesondere deshalb, weil die genaue Lebensdauer des Steuerpflichtigen für eine sachgerechte Aufteilung nicht bekannt ist.

Praktikabler wäre es wegen dieses Unsicherheitsmoments, das Besteuerungsrecht von Anfang an – wie *Schanz* postuliert – im Verhältnis 3:1 zwischen Wohnsitz- und Quellenstaat zu teilen. Der Vorteil im Vergleich zu einem zeitlichen Übergang läge immerhin darin, dass die Ungewissheit über die Lebensdauer des Steuersubjekts keine Bedeutung mehr erlangt. Willkürlich erscheint indes die Aufteilung in obigem Verhältnis. Wenngleich eine realitätsnahe Abbildung damit verbunden sein soll, lässt sie die individuelle Situation eines Steuerpflichtigen, die davon möglicherweise erheblich abweicht, außer Acht. Selbst wenn man sich diesem Konzept anschließt, entstünde bezogen auf jeden Steuerpflichtigen ebenfalls ein gewisser Verwaltungsaufwand.

Vorzuziehen ist trotz der vorgetragenen Bedenken eine *uneingeschränkte Umsetzung* der nachgelagerten Besteuerung der Alterseinkünfte im Quellenstaat. Dies aus mehreren Gründen: Denn erstens können nur dadurch die Vorteile dieses Steuersystems auf der Ebene der Steuerpflichtigen umfassend und einfach realisiert werden. Zwar wäre damit noch nicht per se die zwischenstaatliche Gerechtigkeit hergestellt, doch steht dies einer derartigen Umsetzung nicht zwingend entgegen. Geht man nämlich davon aus, dass innerhalb der Gemeinschaft keine klassischen Zu- und Abwanderungsländer hinsichtlich des Ruhestandswohnsitzes existieren, dann gleichen sich zwischen den Wohnsitzstaaten „entgangene" Steuerforderungen aus. Allenfalls unerhebliche Schwankungen dürften zu verzeichnen sein, wodurch die Notwendigkeit für die teilweise favorisierte Aufteilung der Ausübung der Besteuerungsrechte entfiele.

Sollte sich dennoch in den praktischen Auswirkungen ein Anderes ergeben, könnten europaweit über eine sog. *Verbundlösung* die Wohnsitzstaaten an dem Steueraufkommen der Quellenstaaten aus den Alterseinkünften beteiligt werden[263]. Sinnvollerweise sollte dann allerdings eine Erstattung nicht auf der individuellen Ebene für jeden einzelnen Steuerpflichtigen erfolgen, sondern kumuliert über alle Steuerpflichtigen auf der Makro-Ebene zwischen den Mitgliedstaaten im Rahmen eines Fiskalausgleichs durch sog. „Clearing-Stellen"[264]. Es wäre dabei nur noch *ein* Saldo zwischen zwei Staaten zu bilden. So könnte mit geringerem Verwaltungsaufwand und einfacherer Umsetzung auch auf zwischenstaatlicher Ebene – falls nötig – Steuergerechtigkeit hergestellt werden.

IV. Ergebnis

Die nachgelagerte Besteuerung sämtlicher Alterseinkünfte sollte also insgesamt ausschließlich vom Quellenstaat ausgeübt werden.

---

263 Vgl. *Richter/Wiegard*, DRV-Schriften, Band 29, a.a.O.

264 Vgl. zu dieser Idee aus dem Unternehmenssteuerrecht *Jacobs*, S. 301 m.w.N.

D. Zusammenfassung und Ausblick

Die vorstehende Untersuchung hat jedoch nicht nur diese Erkenntnis geliefert, die einerseits Ausfluss der grundfreiheitlichen Betrachtung ist, dass grenzüberschreitende Diskriminierungen und Beschränkungen der Abziehbarkeit von Vorsorgeaufwendungen gegenüber EG-Ausländern nur in seltenen Ausnahmefällen durch sozialaufsichtsrechtliche Erwägungen gerechtfertigt werden können, andererseits Ergebnis einer ökonomischen Analyse der Wirkungen von Wohnsitz- und Quellenbesteuerung im Bezug auf die Besteuerung der Alterseinkünfte war.

Darüber hinaus hat die Untersuchung auch den „Kohärenz"-Gedanken entmystifiziert und in seiner eigentlichen Bedeutung entlarvt. Flankierend zu der Einführung einer europaweit einheitlichen nachgelagerten Quellenland-Rentenbesteuerung in den Mitgliedstaaten wurde die Auseinandersetzung aber gleichermaßen auf weitere denkbare Lösungswege zur Vermeidung von Grundfreiheitsverletzungen konzentriert – insbesondere die Schaffung europaweiter Versorgungseinrichtungen. Während die EU-Kommission diese Idee in der zitierten Mitteilung lediglich für die betriebliche Altersvorsorge und multinationale Unternehmen diskutiert, wurde hier ein erweitertes Verständnis auf alle drei Säulen der Alterssicherung sowie auf sämtliche Unternehmen vorgeschlagen. Trotz aller damit zusammenhängender Bedenken und der Tatsache, dass im Detail noch viele Fragen ungeklärt bzw. sogar unbekannt sind, zeigt sich hier ein Ansatz, der einer Weiterverfolgung lohnenswert erscheint.

Der *Wirtschafts- und Sozialausschuss* hat sich deshalb in seiner Stellungnahme zur gegenständlichen Mitteilung der Kommission mit diesen Überlegungen auch intensiv auseinandergesetzt[265]. Dabei ist er über die Reichweite der Vorlage ebenfalls hinausgegangen und hat zumindest die inhaltliche Erstreckung von Versorgungseinrichtungen auf die dritte Säule der Alterssicherung, d.h. die private Vorsorge, sowie auf mittlere Unternehmen und Unternehmensgruppen befürwortet[266]. Ebenso hält es der Ausschuss für bestrebenswert, europaweit die Systeme im Sinne einer konsumbasierten Rentenbesteuerung durch einen Richtlinienerlass anzugleichen[267].

Die sich abzeichnenden Tendenzen leiten die Bestrebungen in die richtige Richtung. Dass die europäische Gemeinschaft diesen Weg ernsthaft bestreiten will, untermauert ein Pilotprojekt mit einer begrenzten Zahl von Mitgliedstaaten mit dessen Hilfe eine Validierung einer europaweiten Versorgungseinrichtung erfolgen soll[268].

Entscheidende Vorgaben des Europäischen Gerichtshofs, nunmehr wegweisende Weichenstellungen der Kommission sowie die rechtliche wie ökonomische Vorzugswürdigkeit geben die Ziele aller Bemühungen vor. Zwar ist es noch ein weiter, beschwerlicher Weg zu einer einheitlichen Rentenbesteuerung in Europa, doch bleibt zu hoffen, dass das Ziel einer nachgelagerten Rentenbesteuerung – und dies sollte es sein – nicht aus dem Auge verloren wird. Die Bestrebungen sollten jedoch nicht nur die Frage des „Wie“ der Besteuerung, sondern auch die Frage, *wer* dieses Besteuerungsrecht ausüben soll, im Blick behalten. Dass sich das Quellenlandprinzip

---

265 Vgl. Wirtschafts- und Sozialausschuss, ABl. EG 2002 Nr. C 36/55 f.

266 Vgl. Wirtschafts- und Sozialausschuss, ABl. EG 2002 Nr. C 36/55, 57.

267 Vgl. Wirtschafts- und Sozialausschuss, ABl. EG 2002 Nr. C 36/55.

268 Vgl. Wirtschafts- und Sozialausschuss, ABl. EG 2002 Nr. C 36/57, Nr. 8.8.5.

hierfür vorzüglich anbietet, sollte ganz besonderer Beachtung wert sein. Die Europäische Gemeinschaft hat zwar nur eingeschränkte Befugnisse auf dem Gebiet der direkten Steuern, doch steht ihr mit der Rechtsangleichungskompetenz der Artt. 94 und 95 EG ein Instrumentarium zur Verfügung, mit der sie eine nachgelagerte Rentenbesteuerung im Quellenstaat durch den Erlass einer Richtlinie im Gemeinschaftsraum implementieren könnte. Wie die weitere Entwicklung auf europäischer Ebene in diesem Bereich verläuft, vor allem welche Ergebnisse das initiierte Pilotprojekte liefert, bleibt deshalb mit Spannung abzuwarten.

Literaturverzeichnis

Baranowski, Karl-Heinz: Besteuerung von Auslandsbeziehungen, 2. Auflage, Berlin 1996

Birk, Dieter: Steuerrecht, 6. Auflage, München 2003 (zitiert: Birk, Steuerrecht)

– Das Leistungsfähigkeitsprinzip als Maßstab der Steuernormen: ein Beitrag zu den Grundfragen des Verhältnisses von Steuerrecht und Verfassungsrecht, Köln 1983 (zitiert: Birk, Das Leistungsfähigkeitsprinzip als Maßstab der Steuernormen)

Birk, Dieter / Wernsmann, Rainer: Die Besteuerung der betrieblichen Altersvorsorge – Reformbedarf und Gestaltungsmöglichkeiten des Gesetzgebers, in: DB 1999, S. 166-172

– Nachgelagertes Verfahren bei der Besteuerung der Alterseinkünfte, in: DB 1999, S. 2285-2288

Bomsdorf, Eckart: Ansätze zur künftigen Besteuerung der Renten aus der gesetzlichen Rentenversicherung, in: ifo-Schnelldienst, 55. Jg. 19/2002, S. 15-21

Brügelmann, Ralph / Fuest, Winfried: Besteuerung der Altersvorsorge und Alterseinkünfte – Ein Vergleich verschiedener Formen der gesetzlichen und privaten Alterssicherung, Köln 2003 (zitiert: Brügelmann/Fuest, Besteuerung der Altersvorsorge und Alterseinkünfte)

– Rentenbesteuerung: Einstieg in ein konsumbasiertes System, in: StuW 2003, S. 338-343

Callies, Christian / Ruffert, Matthias (Hrsg.): Kommentar des Vertrages über die Europäische Union und des Vertrages zur Gründung der Europäischen Gemeinschaft – EUV/EGV –, 2. Auflage, Neuwied/Kriftel 2002 (zitiert: Bearbeiter, in: Callies/Ruffert)

Cordewener, Axel: Europäische Grundfreiheiten und nationales Steuerrecht: „Konvergenz“ des Gemeinschaftsrechts und „Kohärenz“ der direkten Steuern in der Rechtsprechung des EuGH, Diss., Köln 2002

Dautzenberg, Norbert: Der Europäische Gerichtshof und die direkten Steuern, BB 1992, S. 2400-2405

Deutsche Steuerjuristische Gesellschaft e.V. (Hrsg.) von *Moris Lehner*: Steuerrecht im europäischen Binnenmarkt: Einfluss des EG-Rechts auf die nationalen Steuerrechtsordnungen, Köln 1996 (zitiert: Bearbeiter, Aufsatz, in: Steuerrecht im europäischen Binnenmarkt)

Döring, Diether: Die Zukunft der Alterssicherung – Europäische Strategien und der deutsche Weg, Frankfurt a.M. 2002

Englisch, Joachim: Zur Dogmatik der Grundfreiheiten des EGV und ihren ertragsteuerlichen Implikationen, in: StuW 2003, S. 88-97

Epiney, Astrid: Umgekehrte Diskriminierungen: Zulässigkeit und Grenzen der discrimination a rebours nach europäischem Gemeinschaftsrecht und nationalem Verfassungsrecht, Köln 1995

Everling, Ulrich: Das Niederlassungsrecht in der EG als Beschränkungsverbot – Tragweite und Grenzen, in: GS für Brigitte Knobbe-Keuk, hrsg. von Wolfgang Schön, Köln 1997, S. 607-625

Gandenberger, Otto: Der Einfluss der Einkommen- und Körperschaftsteuer auf die internationalen Wirtschaftsströme, Klaus Vogel (Hrsg.): Grundfragen des Internationalen Steuerrechts, Köln 1985, S. 33-48

Gebauer, Andrea: Kommentar zum Rentenbesteuerungsurteil des Bundesverfassungsgerichts, in: ifo-Schnelldienst, 55. Jg. 10/2002, S. 29-34

Gröpl, Christoph: Nachgelagerte Besteuerung (juristische Aspekte), in: Besteuerung von Beiträgen und Leistungen in der Altersvorsorge – Wissenschaftliches Kolloquium des VDR am 22./23.3.2001 in Würzburg, hrsg. vom Verband deutscher Rentenversicherungsträger, DRV-Schriften, Band 29, Frankfurt a.M. 2001, S. 85-106

Hahn, Hartmut: Die Vereinbarkeit von Normen des deutschen internationalen Steuerrechts mit EG-Recht, IFSt-Schrift Nr. 378, Bonn 1999

Haller, Heinz: Die Steuern: Grundlinien eines rationalen Systems öffentlicher Abgaben, 3. Auflage, Tübingen 1981

Heydt, Volker: Die Besteuerung von Altersicherung im Ausland, in: Besteuerung von Beiträgen und Leistungen in der Altersvorsorge – Wissenschaftliches Kolloquium des VDR am 22./23.3.2001 in Würzburg, hrsg. vom Verband deutscher Rentenversicherungsträger, DRV-Schriften, Band 29, Frankfurt a.M. 2001, S. 118-127

Hinnekens, L. / Schelpe, D.: Anmerkung zu EuGH, Rs. C-204/90 und Rs. C-300/90, in: EC Tax Review 1992, p. 58-62

Ipsen, Knut: Völkerrecht, 4. Auflage, München 1999

Jarass, Hans D.: Elemente einer Dogmatik der Grundfreiheiten, in: EuR 1995, S. 202-226

Jacobs, Otto H.: Internationale Unternehmensbesteuerung: deutsche Investitionen im Ausland; ausländische Investitionen im Inland, 5. Auflage, München 2002

Kaufmann, Otto / Köhler, Peter A.: Die neue Alterssicherung – Reform der gesetzlichen Rentenversicherung und Einführung einer staatlich geförderten privaten Altersvorsorge, Baden-Baden 2002

Kingreen, Thorsten: Die Struktur der Grundfreiheiten des Europäischen Gemeinschaftsrechts, Berlin 1999 (zitiert: Kingreen, Struktur der Grundfreiheiten des Europäischen Gemeinschaftsrechts)

Kingreen, Thorsten / Störmer, Rainer: Die subjektiv-öffentlichen Rechte des primären Gemeinschaftsrechts, in: EuR 1998, S. 263-290

Kleinert, Jens / Probst, Peter: Endgültiges Aus für die steuerliche Wegzugsbeschränkungen bei natürlichen und juristischen Personen – Anmerkung zum EuGH-Urteil vom 11.3.2004 Rs. C-9/02 – de Lasteyrie du Saillant, in: DB 2004, S. 673-675

Kluge, Volker: Das internationale Steuerrecht: Gemeinschaftsrecht, Außensteuerrecht, Abkommensrecht, 4. Auflage, München 2002

Knobbe-Keuk, Brigitte: Restrictions on the Fundamental Freedoms Enshrined in the EC Treaty by Discriminatory Tax Provisions – Ban and Justification, in: EC Tax Review 1994, p. 74-85

– Freizügigkeit und direkte Besteuerung – Anmerkung zu dem Urteil des EuGH, EuZW 1995, 177 – Finanzamt Köln-Altstadt/ Roland Schumacker, in: EuZW 1995, S. 167-169

Kommission der Europäischen Gemeinschaften: Mitteilung der Kommission an den Rat, das Europäische Parlament und den Wirtschafts- und Sozialausschuss vom 19.4.2001: Beseitigung der steuerlichen Hemmnisse für die grenzüberschreitende betriebliche Altersvorsorge, in: ABl. EG 2001, Nr. C 165, S. 4-13

Krenz, Roland / Schnitger, Arne: „Wenn der EuGH die französische Wegzugsbesteuerung kippt, gerät auch die deutsche „Lex Horten“ ins Wanken“, in: Financial Times Deutschland vom 8.4.2003

Kroker, Rolf / Fuest, Winfried: Rentenbesteuerung – eine Reform ist überfällig, in: ifo-Schnelldienst, 53. Jg. 21/2000, S. 6-8

Lackhoff, Klaus / Raczinski, Bernd: Umgekehrte Diskriminierungen, in: EWS 1997, S. 107-117

Lang, Joachim: Die Bemessungsgrundlage der Einkommensteuer: rechtssystematische Grundlagen steuerlicher Leistungsfähigkeit im deutschen Einkommensteuergesetz, Köln 1988

Lenz, Carl Otto / Borchardt, Klaus-Dieter (Hrsg.): EU- und EG-Vertrag – Kommentar, 3. Auflage, Köln 2003 (zitiert: Bearbeiter, in: Lenz/Borchardt)

Lornsen, Birgitt: Unilaterale Maßnahmen der Bundesrepublik Deutschland zur Ausschaltung der internationalen Doppelbesteuerung bei der Einkommen- und Körperschaftsteuer, Diss., Frankfurt a.M. 1987

Müller, Katja: Verwirklichung von Gerechtigkeit und Entscheidungsneutralität in den Einkommen- und Körperschaftsteuersystem der EU-Mitgliedstaaten: eine Analyse unter Berücksichtigung des Einkommens und des Konsums als alternative Anknüpfungspunkte der Besteuerung, Diss., Köln 2001 (zitiert: K. Müller)

Müller, Thomas: Das „Schumacker"-Urteil des EuGH und seine Auswirkungen auf die beschränkte Einkommensteuerpflicht, in: DStR 1995, S. 585-589 (zitiert: Th. Müller)

Naber, Klaus: Reformnotwendigkeit der bedeutenden Alterssicherungssysteme in der Bundesrepublik Deutschland, Karlsruhe 2001

Peffekoven, Rolf: Rentenbesteuerung: Für das nachgelagerte Verfahren, in: ifo-Schnelldienst, 53. Jg. 21/2000, S. 3-5

Rädler, Albert J.: Fragen aus dem Schumacker-Urteil des EuGH, in: DB 1995, S. 793-796

Rainer, Anno: Anmerkung zu EuGH-Urteil vom 16.7.1998, C-264/96 („ICI"), in: IStR 1998, S. 471

Richman, Peggy: Taxation of foreign investment income: an economic analysis, Baltimore: Hopkins Press, 1963

Richter, Wolfram F. / Wiegard, Wolfgang: Die Besteuerung deutscher Renten im Ausland – Effizienzorientierte Besteuerung von Renten bei Freizügigkeit –, in: Besteuerung von Beiträgen und Leistungen in der Altersvorsorge – Wissenschaftliches Kolloquium des VDR am 22./23.3.2001 in Würzburg, hrsg. vom Verband deutscher Rentenversicherungsträger, DRV-Schriften, Band 29, Frankfurt a.M. 2001, S. 143-155

Sachverständigenkommission: Abschlussbericht der Sachverständigenkommission zur Neuordnung der steuerlichen Behandlung von Altersvorsorgeaufwendungen und Altersbezügen vom 11.3.2003

Saß, Gert: Zum Einfluss der Rechtsprechung des EuGH auf die beschränkte Einkommen- und Körperschaftssteuerpflicht, in: DB 1992, S. 857-864

– Die Regelungen für Ausländer nach dem Jahressteuergesetz 1996 vor dem Hintergrund des „Schumacker-Urteils" des EuGH, in: DB 1996, S. 295-298

Schäfer, Peter: Kohärent, konvergent und kompatibel – Brüssel krault die K-Wörter, in: EuZW 2001, S. 641

Schanz, Georg: Zur Frage der Steuerpflicht, in: FA 1892, S. 365-438

Schaumburg, Harald: Das Leistungsfähigkeitsprinzip im internationalen Steuerrecht, in: FS für Klaus Tipke, hrsg. von Joachim Lang, Köln 1995, S. 125-151

– Internationales Steuerrecht: Außensteuerrecht, Doppelbesteuerungsabkommen, 2. Auflage, Köln 1998 (zitiert: Schaumburg, Internationales Steuerrecht)

Schindler, Clemens Philipp: Hughes des Lasteyrie du Saillant als Ende der (deutschen) Wegzugsbesteuerung?, in: IStR 2004, S. 300-310

Schneider, Dieter: Bezugsgrößen steuerlicher Leistungsfähigkeit und Vermögensbesteuerung, in: FA 1979, S. 26-49

– Grundzüge der Unternehmensbesteuerung, 5. Auflage 1990 (zitiert: Schneider, Grundzüge der Unternehmensbesteuerung)

Schnitger, Arne: Anmerkung zu EuGH, Urteil v. 03.10.2002, Rs. C-136/00 („Rolf-Dieter Danner"), IStR 2002, 736, in: IStR 2002, S. 740 f.

Schön, Wolfgang: Die beschränkte Steuerpflicht zwischen europäischem Gemeinschaftsrecht und deutschem Verfassungsrecht – Bemerkungen zu EuGH vom 14.2.1995, Rs. C-279/93 (Schumacker), IStR 1995, 126 und FG Köln vom 20.10.1994, 5 K 314/84 (Werner II), IStR 1995, 138, in: IStR 1995, S. 119-124

Sedemund, Jan: Die Bedeutung des Prinzips der steuerlichen Kohärenz als Rechtfertigungsaspekt für Eingriffe in die Grundfreiheiten des EG-Vertrages, in: IStR 2001, S. 190-192

Seer, Roman: Die Besteuerung der Alterseinkünfte und das Gleichheitsgebot (Art. 3 Abs. 1 GG), in: StuW 1996, S. 323-336

Streinz, Rudolf: Europarecht, 4. Auflage, Heidelberg 1999

Tipke, Klaus / Lang, Joachim: Steuerrecht, 17. Auflage, Köln 2002

Thömmes, Ottmar: Verbote der Diskriminierung von Steuerausländern und Steuerinländern, in: Steuerrecht im europäischen Binnenmarkt: Einfluss des EG-Rechts auf die nationalen Steuerrechtsordnungen, hrsg. im Auftrag der Deutschen Steuerjuristischen Gesellschaft e.V. von *Moris Lehner*, Köln 1996, S. 81-106 (zitiert: Thömmes, Verbote der Diskriminierung von Steuerausländern und Steuerinländern, in: Steuerrecht im europäischen Binnenmarkt)

– Tatbestandsmäßigkeit und Rechtfertigung steuerlicher Diskriminierungen nach EG-Recht, in: GS für Brigitte Knobbe-Keuk, hrsg. von Wolfgang Schön, Köln 1997, S. 795-834

VDR Verband deutscher Rentenversicherungsträger (Hrsg.): Besteuerung von Beiträgen und Leistungen in der Altersvorsorge – Wissenschaftliches Kolloquium am 22./23.3.2001 in Würzburg, DRV-Schriften, Band 29, Frankfurt a.M. 2001 (zitiert: Bearbeiter, Aufsatz, in: VDR, Besteuerung von Beiträgen und Leistungen in der Altersvorsorge, DRV-Schriften)

Vogel, Klaus (Hrsg.): Grundfragen des Internationalen Steuerrechts, Köln 1985 (zitiert: Bearbeiter, Aufsatz, in: Grundfragen des Internationalen Steuerrechts)

– Über „Besteuerungsrechte" und über das Leistungsfähigkeitsprinzip im internationalen Steuerrecht, in: FS für Franz Klein, hrsg. von Paul Kirchhof, Klaus Offerhaus und Horst Schöberle, Köln 1994, S. 361-376

Vogel, Klaus / Lehner, Moris (Hrsg.): Doppelbesteuerungsabkommen der Bundesrepublik Deutschland auf dem Gebiet der Steuern von Einkommen und Vermögen – Kommentar auf der Grundlage der Musterabkommen, 4. Auflage, München 2003 (zitiert: Bearbeiter, in: Vogel/Lehner)

Von der Groeben, Hans / Thiesing, Jochen / Ehlermann, Claus-Dieter (Hrsg.): Kommentar zum EWG-Vertrag, Band 1: Artt. 1-84, 4. Auflage, Baden-Baden 1991 (zitiert: Bearbeiter, in: Von der Groeben/Thiesing/Ehlermann)

Voß, Reimer: Europäisches und nationales Steuerrecht, in: StuW 1993, S. 155-168

Wagner, Adolph: Lehr- und Handbuch der politischen Oekonomie, Band 2: Theorie der Besteuerung, Gebühren und allgemeine Steuerlehre, 2. Auflage, Leipzig 1890

Weiß, Wolfgang: Nationales Steuerrecht und Niederlassungsfreiheit, in: EuZW 1999, S. 493-498

Wernsmann, Rainer: Steuerliche Diskriminierung und ihre Rechtfertigung durch die Kohärenz des nationalen Rechts – Zur Dogmatik der Schranken der Grundfreiheiten, in: EuR 1999, S. 754-775

Wiegard, Wolfgang: Nachgelagerte Besteuerung von Alterseinkünften: Das trojanische Pferd der Befürworter einer Konsumsteuer, in: ifo-Schnelldienst, 53. Jg. 21/2000, S. 8-12

Wirtschafts- und Sozialausschuss der europäischen Gemeinschaft: Stellungnahme des Wirtschafts- und Sozialausschuss zu der „Mitteilung der Kommission an den Rat, das Europäische Parlament und den Wirtschafts- und Sozialausschuss „Beseitigung der steuerlichen Hemmnisse für die grenzüberschreitende betriebliche Altersvorsorge", in: ABl. EG 2002 Nr. C 36, S. 53-58

Wosnitza, Michael: Skript zur Hauptstudiumsvorlesung Einzelsteuern, Sommersemester 2002, Osnabrück 2002

Zuber, Barbara: Anknüpfungsmerkmale und Reichweite der internationalen Besteuerung: eine normative Analyse unter Berücksichtigung der Personensteuern in der BRD und in den USA, Diss., Hamburg 1991

Kolibri 360 GmbH
Ferdinand-Jühlke-Straße 7
99095 Erfurt, Deutschland
produktsicherheit@kolibri360.de

Druck:
CPI Druckdienstleistungen GmbH
im Auftrag der
Kolibri 360 GmbH
Ferdinand-Jühlke-Str. 7
99095 Erfurt